Eckard Wolz-Gottwald

Die Yoga-Sutras im Alltag leben

Verlag Via Nova

Eckard Wolz-Gottwald

Die Yoga-Sutras im Alltag leben

Die philosophische Praxis des Patanjali

Verlag Via Nova

3. Auflage 2019

Verlag Via Nova, Alte Landstr. 12, 36100 Petersberg

Telefon: (06 61) 6 29 73

Fax: (06 61) 96 79 560

E-Mail: info@verlag-vianova.de

Internet: www.verlag-vianova.de

Umschlaggestaltung: Guter Punkt, München

Druck und Verarbeitung: C.H. Beck, 86720 Nördlingen

ISBN 978-3-86616-304-1

Inhaltsverzeichnis

Einleitung

Wer war Patañjali?

Patañjali gilt allgemein als der Urvater des Yoga. Wer sich heute mit der Philosophie des Yoga beschäftigt, wird an seinen *Yoga-Sūtras* nicht vorbei kommen. Es ist dieser Text, der heute mit Recht als der weltweit bekannteste und auch bedeutendste Text des Yoga gilt.

Patañjali spielt jedoch nicht nur für den gegenwärtigen Yoga eine wichtige Rolle. Sein Name wird auch in der Geschichte der hinduistischen Kultur Indiens immer wieder genannt. Neben *Patañjali* als Autor der *Yoga-Sūtras* kennt man auch *Patañjali* als Kommentator der wichtigsten Sanskrit-Grammatik. Auch der Verfasser eines Textes der traditionellen indischen Heilkunde *Āyurveda* heißt *Patañjali.* Manche *Yogīs* rezitieren so vor dem Yogaunterricht das berühmte *Patañjali-Mantra* und verneigen sich vor *Patañjali* als dem „edelsten der Weisen, der die Unreinheiten des Geistes durch Yoga, der Sprache durch Grammatik und des Körpers durch Medizin beseitigte.“

Mit der Zeit kam im alten Indien sogar der Glaube auf, dass es sich bei einem solchen Genie nicht um einen Menschen gehandelt haben kann, sondern eher um einen Gott in Menschengestalt. *Patañjali* wurde zur Inkarnation des Schlangengottes *Adishesha*, einer wichtigen Gottheit der hinduistischen Mythologie. Skulpturen oder bildliche Darstellungen zeigen *Patañjali* deshalb oft mit einer vielköpfigen Kobra gekrönt. Er kann sogar als Mischwesen zwischen Schlange und Mensch dargestellt werden, mit dem Oberkörper in menschlicher Gestalt und dem unteren Teil seines Körpers als Schlange.

Handelt es sich bei *Patañjali* nun tatsächlich um eine menschliche Verkörperung des Schlangengottes, der den Menschen Yoga, Grammatik und Medizin offenbart hat? Gläubige Hindus können diese Frage durchaus mit einem ‚Ja' beantworteten. Wer nicht an die hinduistische Götterwelt glaubt, mag sich trotzdem an den *Patañjali*-Skulpturen erfreuen, die den göttlichen Schlangenmenschen so plastisch darstellen.

Fragt man jedoch nach historischer Nachweisbarkeit, dann muss die Antwort allerdings weit nüchterner ausfallen. Der medizinische Text eines Autors namens *Patañjali* findet sich zwar in der Literatur erwähnt, ging jedoch verloren. Der Kommentar zur Sanskrit-Grammatik eines *Patañjali* wurde dagegen bis heute überliefert. Dieser Text ist zu einer weit späteren Zeit entstanden und sowohl in Stil als auch in Inhalt vollkommen anders gehalten als die *Yoga-Sūtras*. Es ist somit davon auszugehen, dass verschiedene Autoren mit dem gleichen Namen *Patañjali* die Texte zu Yoga, Grammatik und Medizin verfasst haben, die drei *Patañjalis* später im hinduistischen Glauben zu einer einzigen Person verschmolzen sind und dann zu einer Gottheit erhoben wurden.

Wenn wir nun ausschließlich nach dem *Patañjali* der *Yoga-Sūtras* fragen, muss zugegeben werden, dass zwar Mythen bekannt sind, dass wir über *Patañjali* als historische Person aber nicht nur wenig, sondern überhaupt nichts wissen. Nach wissenschaftlichen Kriterien sind die *Yoga-Sūtras* zwischen dem 2. Jahrhundert vor und dem 2. Jahrhundert nach Christus verfasst worden. Buddhistische Anklänge im vierten Kapitel weisen sogar auf Themen, die erst ab dem 4. Jahrhundert n. Chr. aufkamen. Der Zeitraum, in dem *Patañjali* gelebt haben könnte, erstreckt sich somit über viele Jahrhunderte. Es war die Zeit der Blüte indischer Kultur, in der auch viele andere heute als klassisch bezeichnete Werke entstanden.

Bei aller Bedeutung *Patañjalis* für den Yoga kann so aus wissenschaftlicher Sicht keinesfalls von ihm als dem Urvater oder dem Begründer des Yoga gesprochen werden. Die historischen Ursprünge des Yoga sind viele Jahrhunderte vor der Entstehung der *Yoga-Sūtras* zu suchen. *Patañjali* trug die Lehren aus den verschiedenen, damals existierenden yogischen Zirkeln zusammen und ließ sich auch von anderen Philosophien jener Zeit inspirieren, von der im hinduistischen Kulturkreis entstandenen *Sāṃkhya*-Philosophie bis hin zu buddhistischen Schulen.

Das große Verdienst *Patañjalis* war es somit weniger, Yoga erfunden zu haben. Er hat die zur damaligen Zeit bekannten Richtungen des Yoga philosophisch zusammengefasst und fundiert. Das Ergebnis waren die *Yoga-Sūtras* und somit ein Text der Yoga-Philosophie, wie man ihn in solcher Tiefe und Präzision noch nie gesehen hatte und wahrscheinlich auch nicht mehr sehen sollte. Später bezeichnete man im 19. Jahrhundert n. Chr. die *Yoga-Sūtras* sogar als *raja-yoga*, als ‚königlichen Yoga'. Durch die *Yoga-Sūtras* des *Patañjali* wurde die Yoga-Philosophie zu einer der führenden Wege der Philosophie Indiens, so dass Yoga heute sogar vielfach als *die* indische Philosophie gilt.

Was sind die Yoga-Sūtras?

Wenn die Philosophie des Yoga so weithin als indische Philosophie schlechthin gilt, so handelt es sich tatsächlich doch nur um eine von vielen philosophischen Richtungen, die in Indien entstanden sind. Nicht einmal der *Sūtra*stil kann als Erfindung des Yoga oder gar des *Patañjali* gelten. Wir kennen heute insgesamt sechs philosophische Schulen aus jener Blütezeit, von welchen *Sūtra*-Texte vorliegen. Sie werden als die sechs klassischen Philosophien des Hinduismus bezeichnet, da sie von der Brahmanenschaft, den Priestern des Hinduismus, als rechtgläubig anerkannt wurden. Eine solche Anerkennung war durchaus wichtig, da es vor allem die Priesterschaft war, die Texte bewahrte und über die Jahrhunderte bis heute überlieferte. Diese sechs philosophischen Schulen sind *Nyāya, Vaiśeṣika, Sāṃkhya, Yoga, Pūrva-Mīmāṃsā* und *Vedānta*. Die *Yoga-Sūtras* wurden in diesem Zusammenhang als vierte Schule aufgenommen und konnten so auch außerhalb yogischer Kreise in der hinduistischen Kultur eine große Wertschätzung erfahren.

Was ist nun das Besondere am *Sūtra*stil? Der Begriff *Sūtra* kann mit ‚Faden‘ oder ‚Leitfaden’ übersetzt werden. Bei den *Yoga-Sūtras* handelt es sich somit um einen Leitfaden des Yoga mit insgesamt 195 *Sūtras*, einzelne Ausgaben weisen ein *Sūtra* mehr auf. Bei *Sūtra*-Texten handelt es sich deshalb keineswegs um ausformulierte Abhandlungen. Jedes *Sūtra* der *Yoga-Sūtras* bringt mit Präzision einen bestimmten Aspekt des Yoga auf den Punkt. Der gesamte Text ist gleichsam wie eine Perlenkette vorzustellen, an welcher die einzelnen *Sūtras* wie Perlen, eine nach der anderen, aufgereiht sind. Der klassische Haupttext des Yoga erscheint in dieser Weise in äußerst kurz gehaltenen Merksätzen, die wie ein Leitfaden durch die Philosophie des Yoga führen.

Wenn man sich ausschließlich auf die 195 Original-*Sūtras* in Sanskrit beschränken würde, könnte der gesamte Text auf kaum mehr als vier Seiten gedruckt werden. Aber warum hält man die *Yoga-Sūtras* immer in der Form eines zum Teil dicken Buches in den Händen? Der erste Grund liegt in der Art und Weise der Übersetzung. Ein Beispiel kann hier schnell Klarheit schaffen. T.K.V. Desikachar übersetzt das berühmte zweite *Sūtra* des I. Kapitels wie folgt: „Yoga ist die Fähigkeit, sich ausschließlich auf einen Gegenstand, eine Frage oder einen anderen Inhalt auszurichten und in dieser Ausrichtung ohne Ablenkung zu verweilen." Wir zählen insgesamt 24 Worte. P.Y. Deshpande und Bettina Bäumer benötigen dagegen an gleicher Stelle nur 14 Worte: „Yoga ist der innere Zustand, in dem die seelisch-geistigen Vorgänge zur Ruhe kommen." Wenn wir dann aber in das Original des Sanskrittextes schauen, also in den Text, der eigentlich übersetzt werden sollte, lesen wir nur „*yogaś cittavṛtti-nirodhaḥ*". Das *Sūtra* besteht ursprünglich aus zwei Worten.

Jetzt stoßen wir aber auf ein Problem. Die wörtliche Übersetzung „Yoga Geistbewegungzurruhekommen" würde dem

Sanskrit zwar am meisten entsprechen. Sie wäre aber kaum zu verstehen. Bei einem *Sūtra* handelt es sich also nicht einmal um Merksätze, sondern eher um präzise formulierte Stichworte. Texte als bloße Stichwortsammlungen kennen wir jedoch in der westlichen Kultur nicht. Die meisten Übersetzungen passen ihren Stil deswegen an das abendländische Sprachempfinden an. Man formuliert in ganzen Sätzen und fügt meist sogar, zur besseren Verständlichkeit, noch einige interpretierende Erklärungen mit ein.

Zum Buch werden die *Yoga-Sūtras* allerdings erst durch den beigefügten Kommentar. Vielleicht können wir die *Sūtras* mit einer Stichwortliste vergleichen, wie sie sich ein Redner manchmal für seinen Vortrag anfertigt. Die *Sūtras* entsprechen dann der Stichwortliste, der Kommentar dem ausformulierten Vortrag. Würden wir nur die Stichwortliste des Redners in den Händen halten, so wäre kaum zu verstehen, was im Vortrag gesagt werden soll. Für ein adäquates Verständnis benötigen wir den Vortrag. Das Gleiche gilt auch für die *Yoga-Sūtras*. Um sie zu verstehen, brauchen wir den erklärenden Kommentar.

Man könnte sich so jedoch fragen, welchen Sinn die Stichwortliste der *Sūtras* dann noch hat. Würde es nicht ausreichen, ausschließlich den Kommentar zur Hand zu nehmen? Jetzt sind wir an dem Punkt angekommen, wo das Besondere des *Sūtra*-Stils deutlich hervortritt. *Sūtras* sind keine Schrift. Sie wurden traditionell als einzelner Text nie aufgeschrieben. Bei *Sūtras* handelt es sich um auswendig gelernte Stichwortlisten, also um reine Kopftexte. Der Lehrer rezitierte ein *Sūtra* zusammen mit dem Schüler so lange, bis er es auswendig konnte. Erst dann erklärte er ihm in seinem Kommentar die Bedeutung. Dieses Verfahren wurde fortgesetzt, bis alle 195 *Sūtras* auswendig gelernt und erklärt waren. Beim späteren Memorieren war es dem Schüler dann möglich, sich nicht nur an das *Sūtra*, sondern auch an die Erklärung des Lehrers zu erinnern. Mit auswendig gelernten *Sūtras* und erinnertem Kommentar hatte man die gesamte Philosophie des Yoga präsent.

Die uns heute zur Verfügung stehenden Ausgaben der *Yoga-Sūtras* bestehen somit immer aus Übersetzung und Kommentar. Der Umfang der Original-*Sūtras* umfasst dabei meist nur eine Zeile. Je mehr Erklärungen in eine Übersetzung eingeflossen sind, desto umfangreicher fällt sie aus. Der oft viele Seiten umfassende Kommentar erklärt dann das, was am Anfang in der einen Zeile des Sanskrit-*Sūtras* auf den Punkt gebracht war. So verhält es sich auch bei dem ältesten uns heute überlieferten Kommentar, der allerdings nicht von *Patañjali* selbst stammt, sondern von dem legendären *Vyāsa*. Die große Bedeutung dieses allgemein nur *Yoga-Bhāṣya,* das heißt ‚Yoga-Kommentar', genannten Textes war immer unbestritten. Die ältesten, bis heute erhaltenen Handschriften der *Yoga-Sūtras* sind alle zusammen mit dem Kommentar des *Vyāsa* überliefert. Und auch die meisten später entstandenen Kommentare stützen sich bis heute auf diese ältesten Erklärungen.

Der Inhalt der Yoga-Sūtras

Der Inhalt der *Yoga-Sūtras* scheint auf den ersten Blick klar in vier Kapitel gegliedert. Es wäre anzunehmen, dass das erste Kapitel über die ‚Innere Einung' von der yogischen Einungserfahrung handelt. Das zweite Kapitel ‚Spiritueller Lebensweg' würde Yoga als Lebensweg beschreiben. Das dritte Kapitel über die ‚Außergewöhnlichen Wirkungen' hätte die Wirkungen des Yoga zum Thema gemacht. Und zuletzt würde das letzte Kapitel über die ‚Ursprüngliche Freiheit' das Ziel des Yogaweges beschreiben. So verhält es sich jedoch nicht oder zumindest nur zum Teil. Die Überschriften benennen immer nur einen einzelnen Punkt, der neben einer Fülle von weiteren Themen den Inhalt des Kapitels ausmacht. Wenn wir die *Yoga-Sūtras* nach den tatsächlich vorkommenden Themen ordnen würden, wäre die Einteilung des Gesamttextes eine vollkommen andere.

Geordnet nach Themen bestehen die *Yoga-Sūtras* aus drei Teilen. Es werden erst die theoretischen Grundlagen erarbeitet (I.1-II.25), auf sie folgt die Philosophie der Übungspraxis (II.26-III.55) und zuletzt die hohe Schule der Yoga-Philosophie (IV.1-IV.34). Die theoretischen Grundlagen klären, wie Yoga wirkt, warum Yoga wirkt, wo der wahre Meister zu finden ist oder wie mit Hindernissen auf dem Weg umzugehen ist. Es folgen die Stufen der Einungserfahrung, Yoga als spiritueller Lebensweg und die Analyse der Ursache des Leidens und seine Auflösung.

Am bekanntesten wurde allerdings die auf diese Grundlagen folgende Philosophie der Yogapraxis, die Darstellung des

Kapitel	Themen
I. Kapitel: **Innere Einung** *samādhi pāda*	0. Vorbereitung (I.1) **I. Die philosophischen Grundlagen** 1. Wie Yoga wirkt (I.2-11) 2. Wodurch Yoga wirkt (I.12-16) verschiedene Einzelthemen (I.17-22) 3. Die Hingabe an den wahren Meister (I.23 -29) 4. Mit Hindernissen umgehen (I.30 -33) verschiedene Einzelthemen (I.34- 40) 5. Die Stufen der Yogaerfahrung (I.41-51)
II. Kapitel: **Spiritueller Lebensweg** *sādhana pāda*	6. Yoga als spiritueller Lebensweg (II.1-2) 7. Die Ursache des Leidens und seine Auflösung (II.3-17) Zusammenfassung (II.18 -25) **II. Der achtgliedrige Übungsweg** Einleitung (II.26-29) 8. Übungen für das gute Handeln (II.30 -31 u. 33 -39) 9. Übungen für die gute Yogapraxis (II.32-34 u.40 -45) 10. Übung der Sitzhaltung (II.46 -48) 11. Übung der Atemregelung (II.49 -53) 12. Übung des Zurückziehens der Sinne (II.54-55)
III. Kapitel: **Außergewöhnliche Wirkungen** *vibhūti pāda*	13. Übung der Meditation (III.1-5) 14. Meditation als innerer Kern jeder Yogaübung (III.6-8) 15. Der Umgang mit den Wirkungen des Yoga (III.9-55)
IV. Kapitel: **Ursprüngliche Freiheit** *kaivalya pāda*	**III. Die hohe Schule der Philosophie des Yoga** Überleitung (IV.1) 16. Das Alltagsbewusstsein des Ego (IV.2-17) 17. Der yogische Weg der Unterscheidung (IV.18 -31) 18. Das Ziel der ursprünglichen Freiheit (IV.32-34)

achtgliedrigen Übungsweges. Die hier beschriebene Praxis hat auf den ersten Blick nur wenig mit dem heutigen Yoga der Körperübungen zu tun. Im Zentrum des achtgliedrigen Übungsweges steht vor allem die Meditation. Alles, was wir hier lesen, kann jedoch auf die heutige Yogapraxis angewendet werden. Die von *Patañjali* aufgezeigten acht Glieder des Yoga vermögen uns heute sogar deutlich zu machen, um was es im Yoga, und auch in unserer Yogapraxis, letztlich geht.

Dem Theorie- und Praxisteil ist dann noch ein letztes Kapitel hinzugefügt, in dem der gesamte Yogaweg noch einmal grundlegend aufgearbeitet wird. Wegen seiner philosophischen Tiefgründigkeit kann dieses Kapitel als die hohe Schule der Yoga-Philosophie bezeichnet werden. Da hier auch Gedanken der buddhistischen *Yogacāra*-Schule aus dem 4. Jahrhundert n. Chr. eingearbeitet sind, erscheint es als durchaus möglich, dass dieses Kapitel erst später an den älteren Grundtext angefügt wurde.

Die Yoga-Sūtras als Übungsbuch für die Praxis

Das hier vorliegende Buch folgt nun nicht den formellen Kapiteln, sondern der Einteilung der *Yoga-Sūtras* nach den tatsächlich behandelten 18 Hauptthemen. Zu Beginn jedes Themas steht immer das *Sūtra*, in welchem der zentrale Punkt, oft sogar die Essenz der gesamten Thematik, zusammengefasst ist. Viele dieser Kernsūtras werden allgemein als so wichtig angesehen, dass sie selbst von westlichen *Yogīs* auswendig zitiert werden können.

Das Kernsūtra erscheint immer zunächst in Sanskrit in wissenschaftlicher Umschrift. Es folgt eine wörtliche Übersetzung, in der der Text originalgetreu in seinem stichwortartigen Charakter wiedergegeben ist. Alle grammatischen Formen werden beibehalten. Kein Wort ist hinzugefügt oder weggelassen. In dieser Weise kann auch derjenige den ursprünglichen Text nachvollziehen, der des Sanskrits nicht mächtig ist. Erst jetzt schließt sich eine Übersetzung in ganzen Sätzen an, wie sie dem westlichen Sprachempfinden entspricht.

Der nächste Schritt besteht nun darin, in einem ausführlichen Kommentar die Thematik zu erläutern, die mit dem *Sūtra* auf den Punkt gebracht wurde. So kann ein solides, theoretisches Verständnis der *Sūtras* erreicht werden.

Das Entscheidende folgt jedoch zuletzt. Jeder Lektion ist eine philosophische Übungspraxis angefügt, die die Türe zur eigenen Erfahrung öffnen kann. Nun geht es nicht mehr nur darum, die *Yoga-Sūtras* des *Patañjali* zu verstehen. Der Schatz des Yoga wird nicht mehr bei *Patañjali*, sondern in uns selbst gesucht. Die Übungen zeigen, wie die *Yoga-Sūtras* zum Hilfsmittel werden, sich des ursprünglichen Sinns des Yoga bewusstzuwerden, die eigene Praxis zu vertiefen und letztlich Yoga von der Matte ins konkrete Leben zu tragen.

0. Vorbereitung

Sūtra I.1:
atha yogānuśāsanam
Jetzt Yogadarlegung

Wer die Achtsamkeit für das ‚Jetzt' lebt,
der ist bereit für die folgende Darlegung des Yoga.

Das erste *Sūtra* besteht aus nur zwei Worten: *atha yogānuśāsanam.* Wörtlich können diese beiden Worte mit ‚Jetzt: Yogadarlegung' übersetzt werden. *Patañjali* scheint anzukündigen, dass es jetzt losgeht. Gleich wird die Darlegung der Philosophie des Yoga folgen. Versteht man die Philosophie des Yoga als Theorie, so kann auch gleich weitergelesen werden. Im Sinn philosophischer Übung geht es um mehr. *Sūtra* I.1 weist auf die Bedeutung der Vorbereitung. Erst wer die Achtsamkeit für das ‚Jetzt' lebt, kann wirklich verstehen, was mit der Darlegung des Yoga gemeint ist.

Manche hinduistische Asketen gehen davon aus, dass es notwendig ist, alles in seinem Leben hinter sich zu lassen, Wohlstand, Familie und Freunde. *Patañjali* macht dagegen immer wieder deutlich, dass es im Yoga nicht um äußere Askese, sondern um einen inneren Weg geht. Die vorbereitende Übung des ‚Jetzt' will eine innere Haltung fördern, in der der Übende alles hinter sich lässt, um dann mit Achtsamkeit auf dem Yogaweg zu starten. Was ist hiermit gemeint?

Die meisten kennen es. Endlich auf der Übungsmatte angekommen, beschäftigt sich der Geist immer noch mit dem interessanten Gespräch, das gerade noch im Umkleideraum geführt wurde. Auch wenn man sich schon auf das leckere Abendessen freut, das einen erwartet, wenn man wieder nach Hause kommt, kann das Üben keine Intensität entwickeln. Es gilt, nicht nur mit dem Körper, sondern auch mit dem Geist im ‚Jetzt' anzukommen, um dann wirklich mit dem Üben beginnen zu können.

Was für die Körperübungen auf der Matte wichtig ist, das gilt auch für das übende Reflektieren der Yogaphilosophie. Für Yogaphilosophie als Übungspraxis bildet die Achtsamkeit des ‚Jetzt' eine wichtige Voraussetzung. Bevor man sich also praktisch mit Yoga-Philosophie beschäftigt, gilt es, sich vorbereitend zuerst zu sammeln, indem man alle Gedanken an das, was war, und das, was sein wird, loslässt, um so ganz bewusst im ‚Jetzt' anzukommen.

Erst aus dem ‚Jetzt' heraus können wir *yogānuśāsana*, die folgende ‚Darlegung des Yoga' in ihrem ursprünglichen Sinn verstehen. Die *Sūtras* werden so zur Anleitung, nicht nur über die Theorie des Yoga, sondern auch über den eigenen Yogaweg zu reflektieren.

Natürlich ist es notwendig, die Worte genau zu analysieren. Es ist wichtig zu wissen, was die *Sūtras* sagen, welche Facette des Yogaweges jeweilig erhellt werden soll. Als philosophische Übung zeigen die Worte aber immer auch auf uns als die Yogaübenden. Die folgende Darlegung des Yoga hilft, den eigenen Yogaweg besser verstehen zu lernen und so Yoga als Lebensweg zu erfahren. Es geht um Yoga als *unseren* Lebensweg in der Achtsamkeit für das ‚Jetzt'.

Übung

Die Vorbereitung für die Beschäftigung mit den Yoga-Sūtras als philosophisches Übungsbuch besteht darin, dass Sie sich zuerst an einen ruhigen Platz zurückziehen, wo Sie damit rechnen können, in der nun folgenden Übungszeit nicht abgelenkt zu werden.
Yoga-Philosophie beginnt mit dem Ankommen in der Achtsamkeit für das Jetzt. Um die Achtsamkeit für das ‚Jetzt' zu fördern, hat sich folgende Atemübung als hilfreich erwiesen.
Legen Sie nach der Lektüre der Übungsanweisungen das Buch noch einmal weg, schließen die Augen und führen folgende Übung durch:

Lenken Sie die Bewusstheit auf Ihren Atemfluss, und zwar so,

- *dass Sie warten, bis der Einatemimpuls kommt.*
- *Atmen Sie dann erst ein, so dass Sie sich nur noch auf das Einatmen konzentrieren,*
- *und lassen Sie sich dann mit dem Ausatmen in konzentrierter Gelassenheit
auf die Gegenwart des ‚Jetzt' ein.*

- *Warten Sie dann wieder, bis der Einatemimpuls kommt.*
- *Atmen Sie dann erst ein, so dass Sie sich nur noch auf das Einatmen konzentrieren,*
- *und lassen Sie sich dann wieder mit dem Ausatmen in konzentrierter Gelassenheit
auf die Gegenwart des ‚Jetzt' ein.*

Führen Sie diesen Atemzyklus so lange durch, bis Sie spüren, wie Sie in der Achtsamkeit für die Gegenwart ankommen und das ‚Jetzt' (atha) genießen können.

Nun sind Sie bereit, sich auf die folgende Darlegung des Yoga als philosophische Übungspraxis einzulassen.

I. Die philosophischen Grundlagen

Die *Yoga-Sūtras* beginnen mit der Erarbeitung der philosophischen Grundlagen des Yoga in insgesamt 75 *Sūtras*, die sich über das ganze erste Kapitel und die erste Hälfte des zweiten Kapitels erstrecken. *Patañjali* analysiert, was im Menschen passiert, wenn er Yoga übt, wie Yoga wirkt und warum Yoga wirkt. Er zeigt auf, wo der wahre Meister zu finden ist und wie man mit Hindernissen umgehen kann. Namensgebend für das erste Kapitel (*samādhi pāda*) wurde die abschließende Analyse der verschiedenen Stufen der Yogaerfahrung, die hier mit Einung/*samādhi* benannt ist. Das zweite Kapitel (*sādhana pāda*) beginnt dann mit zwei äußerst prägnanten *Sūtras*, in welchen Yoga als *sādhana*, das heißt als spiritueller Lebensweg deutlich gemacht wird. Den Abschluss des Grundlagenteils bildet ein längerer Abschnitt zu den Ursachen des Leidens und seiner Auflösung.

1. Wie Yoga wirkt

Sūtra I.2:
yogaś citta - vṛtti - nirodhaḥ
Yoga Geist Bewegung Zurruhekommen

Yoga wirkt,
wenn die Bewegungen des Geistes zur Ruhe kommen.

Was passiert, wenn man sich auf die Matte oder das Meditationskissen begibt und nach einiger Übungszeit merkt, dass Yoga wirkt? *Patañjali* benötigt nur zehn *Sūtras* (I.2-I.11), um dieses zentrale Thema des Yoga darzulegen. Letztlich ist sogar schon in *Sūtra* I.2 in absoluter Kürze alles gesagt, in der berühmten, so genannten klassischen Definition des Yoga.

Wenn man nur die deutsche Übersetzung liest, ist es kaum zu bemerken, dass *Patañjali* hier nur ein einziges Wort verwendet. Dieses eine Wort lautet im Sanskrit *cittavṛttinirodha*, wörtlich übersetzt mit ‚Geist-Bewegung-Zurruhekommen'. Es handelt sich um ein Dreifachwort, das aus ‚Geist' (*citta*), ‚Bewegung' (*vṛtti*) und ‚Zurruhekommen' (*nirodha*) zusammengesetzt ist.

Zunächst ist von den Bewegungen des Geistes die Rede. Wir können die Augen schließen und nach innen schauen, und erfahren, dass sich in unserem Geist etwas bewegt. *Patañjali* zählt in den folgenden *Sūtras* fünf Beispiele für die Bewegungen des Geistes auf: Einbildungen, Irrtümer, Erkenntnisse, Erinnerungen und Schlaf. Einbildungen und Irrtümer stehen hier neben Erkenntnissen aus heiligen Überlieferungen, höchste Einsichten aus eigenen Schlussfolgerungen neben der Dumpfheit des Schlafes. Allgemein geht man davon aus, dass Erkenntnisse besser sind als Irrtümer. Freude bringende Bewegungen werden solchen, die Leiden hervorrufen, im Normalfall vorgezogen. Solche Überlegungen sind jedoch in diesem Zusammenhang irrelevant. *Patañjali* schickt die Yogaübenden auf eine Entdeckungsreise. Es gilt, ohne zu werten, die Bewegungen des Geistes wahrzunehmen. Wir werden aufgefordert zu entdecken, was sich alles in unserem Geist bewegt, von den Gedanken, über Bedürfnisse und Gefühle, bis zum Schlaf.

Entscheidend ist dann aber vor allem, sich der besonderen Eigenart dieser Bewegungen bewusstzuwerden. In *Sūtra* I.4 spricht *Patañjali* von *vṛtti-sārūpya,* von der ‚Bindung an die Bewegungen'. Ob man es will oder nicht, jeder und jede ist an alles gebunden, was sich im Geist bewegt. Wenn wir genau hinschauen, werden wir feststellen, dass es sich weniger um bewusst ausgeführte Bewegungen handelt, die gesteuert werden könnten. Statt ‚Bewegung' sollte besser von einem unbewussten ‚Bewegtwerden' des Geistes gesprochen werden.

Am deutlichsten tritt dies bei Süchten oder Abhängigkeiten hervor. Aber auch das alltägliche Denken und Fühlen muss als gebunden angesehen werden. Der Geist des Alltagsbewusstseins ist im Streben nach Wohlstand und Anerkennung gebunden, getrieben durch Begierden, Neid oder Hass. Es sind auch die Geistesbewegungen gemeint, die entstehen, wenn man sich aufregt, ohne es zu wollen, oder abgelenkt wird, wenn die innere Ruhe verloren gegangen ist. Egal ob man Wahres erkennt oder irrt, ob man sich etwas einbildet oder sich erinnert. Alle Bewegungen des Geistes kommen oder gehen, ohne dass man wirklich Einfluss auf ihr Kommen und Gehen ausüben kann. Manchmal tritt die Bindung stärker hervor und man fühlt die eigene Getriebenheit. Meist ist man sich allerdings der Bindung wenig oder gar nicht bewusst.

Es sind diese von *Patañjali* so genannten Bewegungen des Geistes, das heißt Gedanken, Gefühle, Bedürfnisse und Wünsche, mit welchen wir uns identifizieren. Sie machen das meist als Ego bezeichnete Alltagsbewusstsein aus, die äußere Schale, die Oberfläche menschlicher Identität.

Hier, an der Oberfläche, setzt Yoga an. Hier beginnt Yoga zu wirken, wenn *nirodha* geschieht, das ‚Zurruhekommen' der gebundenen Geistesbewegungen. Genauer gesagt, Yoga wirkt, wenn sich die Bindung an Gedanken, Gefühle, Bedürfnisse und Wünsche auflösen. Der Übende begibt sich auf die Matte oder setzt sich auf das Meditationskissen, beginnt zu üben und merkt, dass die Verspannungen und Blockaden sich lösen und die innere Getriebenheit nachlässt. Wenn Yoga wirkt, wird ein Prozess der Entschleunigung gefördert, in dem Verkrampfungen und Verspannungen schwinden. Die Erfahrung innerer Ruhe nimmt zu, in der Körper und Geist durchlässig werden.

Jetzt kann eine innere Kraft und Energie aufbrechen, die nicht gemacht wurde, eine Kraft in der Leichtigkeit, in der wir spüren, wie eine innere Balance zu tragen beginnt. Von außen ist vielleicht gar nicht viel zu sehen. Innerlich öffnet sich aber eine Türe, in der die Spiritualität des Hier und Jetzt zu leben beginnt. Wir erwachen und entdecken uns in einer neuen Bewusstheit, in der wir erahnen, was Leben in seiner Tiefe heißt. Die Yogatradition nennt diese Kraft gerne das wahre Selbst. *Patañjali* spricht in *Sūtra* III.1 von *svarūpa*, der ‚Wesensidentität'. Später wird er immer wieder auch von *samādhi* sprechen, von der Erfahrung der ‚inneren Einung' und zuletzt auch von *kaivalya*, von der ‚ursprünglichen Freiheit'. Manche haben versucht, die verschiedenen Begriffe in einer Hierarchie einzuordnen. Letztlich handelt es sich jedoch um Fingerzeige, deren wahre Bedeutung erst dann klar wird, wenn wir das erfahren, worauf die Begriffe zeigen. Es gilt, den Weg des Yoga selbst zu gehen und zu erfahren, wie Yoga wirkt. Alles, was *Patañjali* in *Sūtra* I.2 dazu sagt, ist dies, dass Yoga wirkt, wenn die geistigen Bewegungen zur Ruhe kommen und so die Kraft der Wesensidentität zu tragen beginnt.

Übung

Die folgende Reflexionsübung besteht aus zwei Teilen:

1. Die inneren Bindungen des Alltagsbewusstseins
Versuchen Sie sich in einem ersten Schritt der alltäglichen citta-vṛtti, Ihrer Bindungen an die ‚Bewegungen des Geistes' bewusstzuwerden.

- *Wo liegen Ihre Süchte und Abhängigkeiten?*
- *Wo haben Sie Erfahrungen gemacht, dass Sie etwas besonders aufregt, dass Sie innerlich explodieren oder von Neid mitgerissen werden?*
- *Wo verlieren Sie besonders schnell Ihre innere Ruhe?*
- *Wo werden Sie besonders abgelenkt?*
- *Welche Erfahrungen haben Sie gemacht, wo in Ihnen etwas geschieht, obwohl Sie es gar nicht wollen?*

2. Das Zurruhekommen der Bindungen und das Aufbrechen der Wesensidentität
Je mehr die äußeren Bindungen an Kraft verlieren, desto mehr werden Sie von einer neuen, inneren Kraft getragen. Versuchen Sie sich in einem zweiten Schritt dieser Kraft des ‚Zurruhekommens' bewusstzuwerden:

- *Vergegenwärtigen Sie sich Situationen, in welchen Sie schon einmal aus einer inneren Kraft heraus Ihren Bindungen, Süchten und Abhängigkeiten widerstehen konnten:*

- *Sind Sie schon einmal von innerer Ruhe getragen worden, obwohl Sie allen Grund gehabt hätten, sich aufzuregen oder von Neid mitgerissen zu werden?*
- *Haben Sie schon einmal eine Situation erfahren, in welcher Sie beleidigt wurden und nicht mit Ärger oder Wut reagieren mussten?*
- *Haben Sie schon Momente von innerer Konzentration erlebt, wo Sie sich von äußeren Einflüssen nicht ablenken ließen?*

Nehmen Sie die Erfahrungen als Ermutigung für das weitere Üben Ihrer Yogapraxis.

2. Wodurch Yoga wirkt

Sūtra I.12:

abhyāsa -vairāgyābhyāṃ tan nirodhaḥ
durch Übung Loslösung von diesen Zurruhekommen

Durch Übung und Loslösung
kommen sie zur Ruhe.

Was ist es, wodurch die Yogaübungen wirken? *Patañjali* widmet dieser zentralen Frage die *Sūtras* 12 bis 16 des ersten Kapitels. Die Essenz des Themas ist schon in *Sūtra* I.12 in nur einem Wort auf den Punkt gebracht. Die gebundenen Bewegungen des Geistes kommen durch *abhyāsavairāyga* zur Ruhe, das heißt durch wörtlich übersetzt ‚Übung-Loslösung'.

Wieder handelt es sich um ein Kompositum, das dieses Mal aus zwei Begriffen zusammengesetzt ist: ‚Übung' (*abhyāsa)* und ‚Loslösung' (*vairāyga*). Es sind diese beiden Prinzipien, durch die Yoga wirkt. Durch sie wird eine Übung zur Yogaübung im ursprünglichen Sinn. *Abhyāsa* und *vairāgya* bilden die zwei Prinzipien der Yogapraxis, die zusammengehören wie die zwei Seiten einer Medaille.

Aus der Perspektive des Alltagsbewusstseins klingt dies widersprüchlich. Wie sollte man aktiv und passiv zugleich sein? Wenn dies so leicht zu verstehen wäre, müsste man allerdings auch nicht so lange Yoga üben. Zu Beginn des Yogaweges geht es vorwiegend um *abhyāsa*, das heißt um Übung. Jede Yogapraxis fängt mit *abhyāsa* an, wenn sich der

Übende aktiv auf den Weg macht und zu üben beginnt. Zu Zeiten *Patañjalis* war dies vor allem die Meditation. Heute steht uns eine große Bandbreite von unterschiedlichen Yogaübungen zur Verfügung. Auch dieses Buch, das zur philosophischen Reflexion anleitet, bedeutet für den Leser zu Beginn mitunter mühsames Studieren und somit *abhyāsa*.

Übung kann insbesondere am Anfang sogar anstrengend sein. Manche *Yogīs* suchen sich eine fordernde Praxis. Hierzu gehören akrobatische Körperübungen, langes Anhalten des Atems oder striktes und konzentriertes Sitzen in der Meditation. Andere fühlen sich zu eher sanfteren und leichteren Übungsformen hingezogen. Immer geht es jedoch um das aktive Tun der Übung, um das Verlassen von Fernsehcouch samt Chipstüte, um sich auf die Yogamatte oder das Meditationskissen zu begeben und dort zu üben. Schon hier wirken die Übungen. Körper und Geist werden fit und leistungsfähig. Die Körperübungen sind in diesem Stadium jedoch über gymnastisches Turnen noch nicht hinausgekommen. Meditation beschränkt sich auf reines Konzentrationstraining.

Die Aktivität der Übung ist notwendig, aber nicht hinreichend. Die spezifische Wirkung des Yoga, das Zurruhekommen des getriebenen Geistes, ist durch das Machen der Übung allein nicht zu erreichen. Es ist hilfreich, das Üben (*abhyāsa*) mit dem Anklopfen an eine Türe zu vergleichen. Nur durch Anklopfen wird die Türe nicht aufgehen, egal ob ich mit aller Kraft auf sie einschlage oder sie nur sanft berühre. Damit Yoga im ursprüngliche Sinn wirkt, muss das zweite Prinzip *vairāyga* hinzutreten, die Loslösung. In *vairāgya* ist der Übende passiv und hat jedes machende Wollen abgegeben. Das Prinzip Loslösung macht deutlich, dass wir die Türe des Yoga nicht aus eigener Kraft öffnen können. In der Loslösung lässt man die Türe des Yoga ohne machendes Handeln aufgehen.

Wenn Yoga ausschließlich auf *abhyāsa*, das heißt einseitig auf Ausdauer und Anstrengung ausgerichtet ist, besteht sogar die Gefahr, dass das Üben verkrampft. Die geistige Getriebenheit käme dann nicht zur Ruhe, sondern würde sogar verstärkt. Praktiziert man auf der anderen Seite ausschließlich *vairāgya*, das heißt Loslösung, so würden sich Geist und Körper ohne Bewusstheit treiben lassen. Die Überbetonung der Loslösung kann sogar zu einem Sich-Treiben-Lassen und einem unfruchtbaren Nichtstun führen. Der Geist würde in seinen althergebrachten Strukturen verbleiben und nichts hätte sich verändert.

Am Anfang ist es wichtig, aktiv zu werden, mit der Übung zu beginnen und sie auch durchzuhalten. Dann gilt es auch die Loslösung zu kultivieren: die Loslösung im Üben. Die am Anfang meist notwendige Ausrichtung auf das zu erstrebende Ziel der nach Lehrbuch durchzuführenden Übung löst sich immer mehr auf, um in der Achtsamkeit für das Jetzt anzukommen. Die Anstrengung und das Bemühen im Üben nehmen ab, um Entspannung, Hingabe und einem allumfassenden Fließenlassen Platz zu machen.

Je mehr es gelingt, sowohl aktive Anstrengung und Konzentration als auch passive Loslösung und Entspannung zu realisieren, desto mehr wirkt Yoga. Die Übung wird konzentriert und in dieser Konzentriertheit gelassen und entspannt. In jeder Übungsstunde gilt es sich immer wieder erneut darauf auszurichten, weniger zu machen, loszulassen und sich im Üben tragen zu lassen. In der Verbindung von *abhyāsa* und *vairāgya* erfährt man die Kraft nicht im Machen, sondern in der konzentrierten Loslösung, so dass eine neue Kraft in der Leichtigkeit zum Durchbruch kommen kann.

Übung

Es spielt keine Rolle, welche Form des Yoga Sie praktizieren. Die beiden Prinzipien Übung/abhyāsa und Loslösung/vairagya gelten für die Körperübungen, die Atemregelung, für Meditation und auch für alle anderen Übungen des Yoga. Die Beachtung dieser beiden Prinzipien bildet eine wichtige Hilfe, um die Wirksamkeit Ihrer Yogapraxis zu intensivieren.

1. Prüfen Sie zuerst, wie stark Sie das Prinzip ‚abhyāsa' verwirklichen, das Moment von Aktivität, Anstrengung und Konzentration.

- *Wie steht es mit Ihrer Bequemlichkeit, Ihrem inneren Schweinehund, der immer wieder zu überwinden ist, wenn Sie sich aufmachen, um zu üben?*
- *Wie oft gelingt es Ihnen, die notwendige Aktivität aufzubringen und regelmäßig zu üben?*
- *Welche Ausweichmechanismen entwickeln Sie ganz persönlich?*
- *Was müssen Sie tun, um eine tägliche Übungspraxis zu verwirklichen und auch durchzuhalten?*

2. Prüfen Sie dann, inwieweit Sie ‚vairāgya' verwirklichen, das Moment von Loslösung, Entspannung und Hingabe.

- *Ist es für Sie möglich, sich auf das Üben einzulassen, in der Übung zu entspannen, mit Hingabe zu üben und das Üben geschehen zu lassen? In welchen Übungen gelingt dies besonders gut?*

- *Vergegenwärtigen Sie sich Ihre Erfahrungen, wenn das Üben gleichsam wie von alleine geschieht, wenn ‚es fließt' und Sie immer weniger machen.*
- *Was können Sie tun, dass Sie in der Übung besser loslassen können?*

Wenn Sie wollen, dass Ihre Yogaübungen wirken, heißt das Zaubermittel: ‚Wiederholung'. Mit Yoga ist es wie mit dem Zähneputzen. Es hilft nur wenig, wenn man es nicht regelmäßig macht. Die regelmäßige Wiederholung der Yogaübungen weist den Königsweg, immer tiefer in die Achtsamkeit zu gelangen und die konzentrierte Gelassenheit im Jetzt entstehen zu lassen. Immer mehr wird dann die Kraft nicht im Machen, sondern die Kraft in der Leichtigkeit gelebt. Die Einheit von abhyāsa und vairāgya, von Aktivität und Passivität, die am Anfang so schwer zu verstehen war, wird jetzt zur konkreten Erfahrung. Ich mache immer weniger und empfange immer mehr. Und letztlich mache ich nichts und empfange alles.

3. Die Hingabe an den wahren Meister

Sūtra I.26:

pūrveṣām	*api*	*guruḥ*	*kālena*	*anavacchedāt*
von den früheren	auch	der Meister,	durch die Zeit	nicht begrenzt

Auch von allen früheren Meistern ist ‚Er' der Meister,
der durch die Zeit nicht begrenzt ist.

Das nächste große Thema handelt von der Hingabe an das Göttliche im Menschen als dem wahren Meister (*Sūtras* I.23-I.29). Während in den Religionen Gott als jenseitiges Wesen verehrt wird, wurde es in der Yogatradition allgemein üblich, auch den *Guru*, das heißt den eigenen Meister, als göttliche Gestalt zu sehen. Als Nachweis seiner Göttlichkeit hatte der Meister in der Überlieferungslinie früherer Meister des Yoga zu stehen. Für die Schüler war es darum wichtig, dass der eigene Meister die Lehre des Yoga von seinem göttlichen Meister empfangen hatte. Die Überlieferungslinie kann dann bis zu der Zeit zurückgehen, in der, nach den hinduistischen Mythen, Gott selbst den ersten *Yogīs* die authentische Lehre des Yoga offenbarte. Nur wenn ein *Guru* in einer Traditionslinie mit den früheren Meistern stand, konnte sich der Schüler sicher sein, dass er von seinem Meister die wahre Lehre des Yoga empfangen hatte.

Diese Hingabe an göttliche *Gurus* hat ihre Bedeutung in weiten Bereichen der Yogaszene kaum eingebüßt. Sie steht allerdings im Gegensatz zur heutigen, aufgeklärten Kultur.

Hier wird allein schon dem Begriff *Guru* ein negatives Image beigemessen. Die Hingabe an den göttlichen Meister entspricht nicht dem Ideal des modernen, mündigen Menschen, der sich nicht göttlichen Meistern hingeben, sondern über sein Leben selbst bestimmen will. Da Yoga heute auch außerhalb der Überlieferungslinien erlernt werden kann, ist es überdies gar nicht mehr notwendig, sich einem Meister zu unterwerfen. Die Möglichkeiten, heute Yoga zu üben, sind breit gestreut. Viele Schulen bieten Yogakurse, Ausbildungen und Fortbildungen an. Zahlreiche Bücher, DVDs, CDs und auch Internetkurse ermöglichen es, auch ohne Meister im Yoga voranzukommen.

Die Kompetenz des Meisters und *Gurus*, der mit göttlicher Autorität festlegt, was der Schüler zu lernen hat, wird verlagert auf den selbstbestimmten Schüler, der aus einer Vielzahl von Kursen seine eigene Praxis und seine eigene Yogalehre zusammenstellt. Der Halt, den der göttliche *Guru* gibt, wird ersetzt durch den Halt, den der moderne Mensch aus sich selbst, aus seinem Ich erfährt.

Welches ist nun der bessere Weg, um Yoga zu erlernen? Entspricht es dem Yoga mehr, sich einem göttlichen *Guru* in der Tradition früherer *Gurus* hinzugeben, um von ihm die authentische und einzig wahre Lehre des Yoga zu empfangen? Oder sollte man dem modernen Ideal des mündigen Menschen folgen, der sein Leben selbst in die Hand nimmt, sich das Gute aus vielen Lehrern, Schulen und Traditionen zusammensucht und das Schlechte liegen lässt? Der göttliche Meister oder das Ich, wer sollte bestimmen?

Die Antwort auf diese Frage gibt *Patañjali* in insgesamt sieben *Sūtras*, wobei er den Kern seiner Antwort in *Sūtra* I.26 auf den Punkt bringt. „Von allen früheren Meistern ist ‚Er' der Meister (*Guru*), der durch die Zeit nicht begrenzt ist". Es gibt also durchaus den wahren Guru, den einen göttlichen Meister. *Patañjali* bezeichnet ihn schwer verständlich, aber richtungsweisend als ‚Er', als den Meister, der durch die Zeit nicht begrenzt ist.

Wiederum ist es wichtig, das *Sūtra* im Zusammenhang der anderen *Sūtras* zu verstehen, durch die erst seine Bedeutung klar wird. Wer ist Er, der wahre Meister? In *Sūtra* I.23 hatte *Patañjali* diesen wahren Meister als *īśvara* bezeichnet, wörtlich zu übersetzen mit der ‚Herr'. Dabei geht es nicht um die Bedeutung von Herr im Sinn von Herrn Meier oder Herrn Schmitt. *Īśvara* meint den Herrscher, das göttliche Wesen mit absoluter Macht. Es geht um Gott.

In diesem Zusammenhang führt *Patañjali* zum ersten Mal auch das berühmte *īśvara-praṇidhāna* ein, die ‚Hingabe an Gott'. Ein Hindu praktiziert die Hingabe an Gott, indem er in den Tempel geht und sich dort in Gebet und Ritual den Göttern Shiva oder Vishnu hingibt. Hinduistische *Yogīs* übertragen ihre Gottesverehrung gerne auf den eigenen *Guru*. Hingabe an Gott heißt für sie Hingabe an ihren göttlichen Yogameister.

Patañjali verwendet hier zwar einen Begriff aus der Religion. Er gibt *īśvara* (Gott) jedoch eine grundlegend andere Bedeutung. Versteht man die *Yoga-Sūtras* als einen Text der spirituellen Philosophie, dann wendet sich die Hingabe an

Gott nicht an eine außerhalb des Menschen vorgestellte Gottheit, sondern öffnet sich für das Innen. Der göttliche Herr wird weder im jenseitigen Himmel noch in der diesseitigen Gestalt des Meisters gesucht, sondern in den Tiefen der eigenen Existenz. Hingabe an Gott bedeutet die Hingabe an *īśvara* als den wahren, inneren Meister.

Diese Hingabe an die innere Göttlichkeit wird in *Sūtra* I.27 und I.28 sogar mit einer konkreten Übung verbunden, mit der Meditation mit dem *Mantra* OM. In der Meditation wirkt das Mantra wie ein Fahrzeug, das den Übenden von der Bindung an die zeitlichen Bewegungen des Geistes löst, um ihn nach innen zu tragen und dort für die Erfahrung der inneren Göttlichkeit zu öffnen.

Vergegenwärtigen wir uns noch einmal die Ausgangsfrage, die es hier zu klären gilt. Wo ist der wahre Meister des Yoga zu finden, dem es sich hinzugeben gilt? Ist es der als göttliche Gestalt verehrte *Guru*, wie es traditionell orientierte *Yogīs* glauben? Oder sollte doch das moderne, aufgeklärte Ich es sein, das sagt, wo der Weg hinzuführen hat? Die Antwort des *Patañjali* weist den alles entscheidenden dritten Weg der Hingabe an den inneren Herrn und Meister.

Wenn *Patañjali* formuliert, dass ‚Er', der innere Meister, von allen früheren Meistern der Meister ist, lehnt er die äußeren Gurus nicht ab, sondern relativiert sie. Alle früheren, zeitlichen Meister in den Überlieferungslinien der Yogatradition gründen auf der Erfahrung des inneren Meisters und haben die Aufgabe, auch ihre Schüler zur Erfahrung ihres inneren Meisters zu führen. Mit Sicherheit erweist sich heute so auch der gut ausgebildete Yogalehrer oder die Yogalehrerin als hilfreich. Nur aus Büchern Yoga zu erlernen ist schwierig und mitunter sogar als gefährlich. Ein Lehrer kann auf Fehlhaltungen und Fehlentwicklungen aufmerksam machen und wichtige Hilfestellungen geben.

Auf der anderen Seite meint *Patañjali* mit dem inneren Herrn und Meister allerdings auch nicht das Ego des alltäglichen Ichs, das immer wieder versucht, sein Leben in die Hand zu nehmen und selbstbestimmt zu handeln. Eine gute Yogapraxis lebt zwar auch von der Eigeninitiative des mündigen Ich, von dem kritischen Suchen nach dem eigenen Weg. Der wahre Meister in uns ist ‚durch die Zeit nicht begrenzt' und somit auch nicht wie das Ich vergänglich. Auch von dem Ich gilt es loszulassen.

Nach einem alten Bild ist der Yogaweg mit dem Durchschreiten eines Tores zu vergleichen. Der Meister bildet das Tor, durch das der Schüler hindurchzuschreiten hat, wenn er zu seinem wahren Selbst finden will. Die große Gefahr besteht jedoch darin, nicht durch das Tor zu gehen, sondern vor ihm, dem Meister, stehen zu bleiben, um sich am Tor festzuklammern oder es sogar zu verehren. Das Festhalten am äußeren Meister gibt zwar Halt und Sicherheit, es verhindert jedoch auch das Wachsen auf dem selbst zu gehenden Yogaweg.

Für den modernen Menschen bildet nun nicht der äußere Meister das Tor, sondern sein eigenes Ich. Vermeintlich mündig bestimmt der Schüler selbst, welchen Weg er gehen will und welchen nicht. Aber auch hier gilt es, durch das Tor des eigenen Ichs hindurchzugehen und die Achtsamkeit für den inneren Herrn und Meister zu entwickeln. Der innere Meister liegt tief in uns verborgen, ist unsere Wesensidentität, die in den Tiefen unserer eigenen Existenz erfahren wird.

Der äußere Meister und die Eigenverantwortung stellen somit keine Alternativen dar. Sie sind Mittel für etwas Höheres. Für die einen scheint zu Beginn des Weges mehr die Bindung an den äußeren Lehrer wichtig, um Halt auf dem Weg und wichtige persönliche Wegweisung zu gewinnen. Für andere ist es besser, selbst zu bestimmen und eigenverantwortlich Yoga zu üben. Erst wenn das Bewusstsein klargeworden ist und der Übende Sicherheit erlangt hat, benötigt er nicht mehr den Halt von außen. Sicher gelingt dies nicht nach einem einzigen Yogakurs. Immer wieder erscheint es auch als hilfreich, sich an einem Tor festhalten zu können, um so Sicherheit zu finden und dann erst weiterzugehen. Erst mit der Zeit wird es möglich, Führung von innen zu erfahren.

Im Wachsen der Hingabe an den wahren Meister in sich selbst liegt allerdings die Essenz aller Yogapraxis, sowohl in der traditionellen Meister-Schüler-Bindung als auch im mündigen und selbstbestimmten Lernen der Gegenwart. Wachsen im Yoga heißt somit, von allem Festhalten an Meistern oder auch an sich selbst loszulassen, um wach zu werden für den wahren Herrn und Meister in den Tiefen unserer Existenz, um dessen Erwachen sich alle äußeren Lehrer und Meister bemühen sollten.

Übung

1. Der äußere Meister und das selbstbestimmte Ich

Der Weg des Yoga beginnt damit, ein Tor gefunden zu haben, auf das Sie sich ausrichten können. Vergegenwärtigen Sie sich in der folgenden Übung, was und wer Ihnen auf Ihrem Yogaweg den Weg weist. Was ist Ihr Tor des Yoga?

- *Sehen Sie sich eher als einen Menschen, der auf einen äußeren Meister und die Yogatradition vertraut?*
    - *Nehmen Sie gerne Hilfe von anderen an?*
    - *Vertrauen Sie auf andere, die Ihnen Ratschläge oder Anweisungen geben und Ihnen die nächsten Schritte zeigen?*

Vergegenwärtigen Sie sich, wie hilfreich es sein kann, einen Lehrer, Meister oder eine Tradition gefunden zu haben, die Ihnen das Tor ihres yogischen Lebensweges zeigen.

- *Inwieweit Sehen Sie sich eher als modernen, mündigen Menschen?*
    - *Übernehmen Sie nur das, was Sie selbst, was Ihr Ich als gut und richtig ansieht?*
    - *Ist es Ihre Art, alles selbst zu entscheiden?*
    - *Sind Sie es gewohnt, alles, was Ihnen begegnet, kritisch zu hinterfragen?*

Vergegenwärtigen Sie sich, wie hilfreich es sein kann, das Tor zum Yoga selbst zu suchen und den Weg selbstbestimmt zu gehen.

2. Der Weg zum inneren Meister
Beide Wege zeigen Tore, das heißt, sie zeigen die Richtung, die Ihr Leben nehmen kann. Warum sollten Sie es sich nicht gönnen, an Ihrem Tor festzuhalten?
Der tiefere Sinn des Yoga besteht jedoch nicht im Festhalten, sondern im Hindurchgehen durch das Tor, indem Sie sich von dem äußeren Meister wie auch von Ihrem Ich lösen, um sich dem inneren Herrn und Meister hinzugeben.

- *Lassen Sie sich Zeit, zu überlegen, wo es für Sie wichtig ist, festzuhalten, um nicht den Boden unter den Füßen zu verlieren oder ins Wanken zu geraten.*
- *Verlieren Sie jedoch auch nicht aus dem Blick, dass Yoga bedeutet, vom äußeren Meister, aber auch von sich selbst loszulassen.*

Yoga heißt Hindurchgehen durch Ihr Tor, um zu Ihrer Mitte zu finden. Jetzt wird es möglich, aus dieser inneren Mitte neuen Halt zu gewinnen.

Yoga heißt, wach zu werden für die Stimme des inneren, wahren Meisters, der auch der Meister aller früheren Meister ist.

4. Mit Hindernissen umgehen

Sūtra I.33:

maitrī- karuṇā - muditā - upekṣāṇāṃ sukha - duḥkha -
Liebe Mitgefühl Heiterkeit Gleichmut durch glückliche leidhafte

puṇya-apuṇya-viṣayāṇāṃ bhāvanātaś citta -prasādanam
gute schlechte Dinge Kultivierungen Geist Klarwerden

Durch die Kultivierung von Liebe, Mitgefühl, Heiterkeit und Gleichmut gegenüber Glück und Leid sowie Gutem und Schlechtem ist das Klarwerden des Geistes zu fördern.

Patañjali hatte in den ersten 30 *Sūtras* aufgezeigt, was auf dem Weg des Yoga geschieht, wie es geschieht und warum es geschieht. In der konkreten Praxis wird jedoch schnell klar, dass alles nicht so leicht ist, wie dies am Anfang vielleicht den Anschein hatte. Welche Hindernisse auf dem Weg des Yoga auftreten können, wo ihre Ursache zu finden ist und welche Hilfen es gibt, diese Hindernisse zu bewältigen, dies zeigen die *Sūtras* I.30-33.

Patañjali beginnt mit der Aufzählung von insgesamt neun Hindernissen. Als erstes ist das physischen Hindernis ‚Krankheit' genannt. Der gute Wille zum regelmäßigen Üben ist vorhanden. Aber eine Erkältung und selbst die lästigen Kopfschmerzen verhindern es, sich auf die Matte zu begeben. Die folgenden vier Hindernisse sind vor allem von geistiger Dumpfheit geprägt. In ‚Starrheit' ist man in althergebrachten

Gewohnheiten gefangen. Der ‚Zweifel' führt zur Unsicherheit, ob die Mühe sich wirklich lohnt, immer wieder erneut die Anstrengung des Übens auf sich zu nehmen. In der ‚Nachlässigkeit' wird vergessen, dass eigentlich die Übung angesagt war. Und in der ‚Faulheit' fehlt jegliche Energie, sich auf den Weg zu machen. Aber auch der aktive Geist wird zum Hindernis, wenn er durch die Bindung an die ‚Sucht' den zahllos angebotenen Ablenkungen erliegt. Die letzten drei Hindernisse können dann eher dem intellektuellen Bereich zugeordnet werden. Durch ‚Unverständnis' sieht man nicht, um was es im Yoga eigentlich geht. Sowohl in der ‚Haltlosigkeit' als auch in der ‚Unbeständigkeit' fehlt die geradlinige Ausrichtung auf den Weg.

Neun zum Teil sehr unterschiedliche Hindernisse sind genannt, für die es letztlich allerdings nur eine einzige Ursache gibt. Die Aussage *Patañjalis* ist dabei klar. Die Ursache ist nicht im Außen zu suchen. Nicht die Krankheit an sich hindert, sondern unser Anhaften an Schmerzen und Unwohlsein. Von Starrheit über Faulheit bis zur Sucht sind es nicht die anderen und auch nicht der Fernseher, denen man die Schuld zuschreiben kann. Und auch die Ursache der Hindernisse der letzten Gruppe, von Unverständnis bis zu Unbeständigkeit, liegt in uns selbst. Die Ursache liegt im Geist, und zwar in dem, was *Patañjali vikṣepa* nennt, in der ‚Zerstreuung' des Geistes.

Wenn die Ursache in der Zerstreuung zu suchen ist, dann erscheint es als durchaus logisch, dass sich als erstes Gegenmittel die Übung der Konzentration empfiehlt. So fordert

Sūtra I.32 dazu auf, sich auf das Wesentliche zu besinnen. Durch die Konzentration auf das Ziel des Yoga wird es möglich, sich erneut für die Anstrengung der Übung zu motivieren. Die Ziele können dabei sehr unterschiedlich ausfallen. Zu Beginn waren es die Kopfschmerzen, Rückenschmerzen oder die Schlafstörungen, weswegen wir zur Yogapraxis gekommen sind. Oft verändern sich diese Ziele auf dem Weg, so dass man nicht mehr nur besser einschlafen, sondern auch aufwachen will, aufwachen zur Erfahrung der inneren Mitte oder Wesensidentität.

Man richtet sich auf Ziele aus, die glücklich machen und deswegen als gut erscheinen. Die Verwirklichung dieser Ziele gibt Kraft, die sich für die Überwindung der Hindernisse als wichtig erweist. Hier finden wir die Motivation für die Übungspraxis. Die Zerstreuung des Geistes wird durch die Konzentration auf die angestrebten Ziele aber nur geordnet, keinesfalls beseitigt. Auch das Streben nach der Verwirklichung eines Zieles bedeutet noch die innere Bindung des Geistes und bildet so letztlich wieder ein Hindernis auf dem Weg.

Alles läuft auf *Sūtra* I.33 hinaus, das als Kernsūtra zu dieser Thematik von manchen sogar zu den wichtigsten *Sūtras* des gesamten Textes gezählt wird. Um die Hindernisse auf dem Yogaweg grundlegend anzugehen, ist das Klarwerden (*prasādana*) des Geistes in den Blick zu nehmen, das erst dann entstehen kann, wenn sich auch die innere Bindung an die Ziele aufgelöst hat. *Patañjali* zeigt hier eine besondere Nähe zur buddhistischen Spiritualität, wenn er den Weg zum

Klarwerden des Geistes mit Hilfe der vier *bhāvanās* aufzeigt, das heißt mit Hilfe der buddhistischen ‚Kultivierungen': ‚Liebe' (*maitrī*), ‚Mitgefühl' (*karuṇā*), ‚Heiterkeit' (*muditā*) und ‚Gleichmut' (*upekṣā*).

Worum geht es bei den vier Kultivierungen? Dass man auf Menschen, die einem Schlechtes wollen, mit Wut oder Zorn reagiert, ist vielleicht normal, aber ein Zeichen eines gebundenen Geistes. So gilt es sich auf die Haltung der Liebe zu allen Menschen auszurichten und nicht nur die zu lieben, die uns Vorteile bringen. Das zweite *bhāvanā* Mitgefühl wird vor allem gegenüber denjenigen kultiviert, die leiden und Hilfe benötigen. Natürlich stimmt Angenehmes heiter. Die Kultivierung des *bhāvanā* Heiterkeit gilt jedoch nicht nur gegenüber dem Angenehmen. Es geht um die Kultivierung einer inneren Heiterkeit, die auch in unangenehmen Situationen beibehalten werden kann. Das letzte *bhāvanā* Gleichmut wird gerne mit Gleichgültigkeit verwechselt, wenn es egal ist, was passiert oder nicht passiert. Im Unterschied zur Gleichgültigkeit bedeutet Gleichmut eine besonders intensive Hinwendung zur Welt, in der der Wert von Menschen, Dingen und Situationen nicht daran festgemacht wird, wie viele Vorteile sie uns verschaffen.

Auf den ersten Blick könnte man meinen, dass *Patañjali* hier von vier Geboten spricht. Der Begriff *bhāvanā* ist wörtlich jedoch mit ‚zum Sein veranlassen' zu übersetzen. *Bhāvanās* meinen weder im Buddhismus noch im Yoga Regeln für gutes Handeln. Wie die Zerstreuung des Geistes als Wurzel aller Hindernisse nicht durch das Befolgen von Regeln aufzulösen ist, können die *bhāvanās* auch nicht gemacht, sondern nur kultiviert werden.

Nach einem alten Bild ist der zerstreute Geist mit einem verschlammten See zu vergleichen, bei dem man den Grund nicht sehen kann. Wie ist es möglich, verschlammtes Wasser klar zu bekommen? Alles Streben, Machen und Regulieren wird nicht ausreichen. Hier kann nichts gemacht, sondern nur zugelassen werden. Das Wasser klärt sich erst dann auf, wenn man den Schlamm sinken lässt. Die vier *bhāvanās* meinen in diesem Sinn die Kultivierung eines Prozesses des Einlassens und Zulassens, durch den Liebe, Mitgefühl, Heiterkeit und Gleichmut entstehen können.

Sich auf Ziele zu konzentrieren, ist zu Beginn hilfreich. Die einzelnen Hindernisse können so überwunden werden, von der Trägheit bis hin zur Unbeständigkeit. Wir können uns so wieder auf die Spur bringen. Die vier Kultivierungen der *bhāvanās* helfen dann, auf dieser Spur des Yoga weiter voranzuschreiten, um so die letzte Bindung der Zerstreuung des Geistes als die Wurzel aller Hindernisse aufzulösen. Der Geist wird klar und durchlässig, so dass die alles entscheidende innere Kraft aus der Wesensidentität aufbrechen kann.

Die *bhāvanās* können weder erstrebt noch gemacht werden. Sie sind zu kultivieren, indem man sich auf sie ausrichtet und sie entstehen lässt. Aus der inneren Kraft heraus werden die Hindernisse auf dem Weg des Yoga nicht mehr überwunden, sondern sie lösen sich grundlegend auf. Und sie werden sich umso mehr auflösen, je mehr wir in unserem Leben Liebe, Mitgefühl, Heiterkeit und Gleichmut kultivieren.

Übung

1. Bewusstwerden der eigenen Hindernisse auf dem Weg des Yoga

Bitte nehmen Sie ein leeres Blatt Papier und einen Stift zu Hand. Vergegenwärtigen Sie sich zunächst die von Patañjali genannten neun Hindernisse:

- *Krankheit*
- *Starrheit*
- *Zweifel*
- *Nachlässigkeit*
- *Faulheit*
- *Sucht*
- *Unverständnis*
- *Haltlosigkeit*
- *Unbeständigkeit*

Schreiben Sie nun in Stichworten Ihre Hindernisse auf, das heißt all das, was Sie an der regelmäßigen Übungspraxis, aber auch an einem tieferen Eindringen in den Weg des Yoga hindert. Unterstreichen Sie die Hindernisse, die Sie für die wichtigsten halten.

2. Bewusstwerden der inneren Ursache der Hindernisse

Vergegenwärtigen Sie sich, dass die erste Ursache dieser Hindernisse nicht in den äußeren Umständen liegt, sondern in den Anhaftungen, der Dumpfheit und der Getriebenheit des Geistes. Patañjali spricht von der Zerstreuung (vikṣepa) des Geistes. Die Bewältigung der Hindernisse beginnt deswegen durch die Arbeit an uns selbst.

3. Die Übung der Konzentration

In einem ersten Schritt gilt es die Zerstreuung zu überwinden, indem Sie sich auf das konzentrieren, was Sie im Yoga erstreben. Drehen Sie jetzt bitte das Blatt mit der Aufzählung der Hindernisse um, so dass wieder eine leere Seite vor Ihnen liegt. Schreiben Sie dann, wiederum in Stichworten, alle Ziele auf, die Sie durch die Yogapraxis verwirklichen wollen.

- *Was waren ihre Gründe, warum Sie mit der Yogapraxis begonnen hatten?*
- *Warum haben Sie bis heute mit der Übungspraxis nicht aufgehört?*
- *Was wollen Sie zukünftig mit Ihrem Üben erreichen?*

Lassen Sie sich von den aufgeschriebenen Zielen motivieren, die auf der Rückseite notierten Hindernisse zu überwinden, um ausdauernder zu üben.
Die Zerstreuung des Geistes wird durch Zielgerichtetheit jedoch nur geordnet, nicht beseitigt. Konzentration kann Sie wieder in die Spur bringen. Sie lässt Sie jedoch nicht in dieser Spur weiter voranschreiten.

4. Die Übung der Kultivierungen/ bhāvanās

Wenn Sie auf dem Weg des Yoga weiter wachsen wollen, gilt es auch von der Bindung an das Streben nach Ihren Zielen loszulassen. Dies geschieht durch die vier Kultivierungen.

- *Liebe:*
  Kultivieren Sie eine Geisteshaltung, in der Sie nicht nur den Menschen mit Liebe begegnen, die Ihnen Vorteile bringen und die so handeln, wie Sie es für gut halten.
- *Mitgefühl:*
  Kultivieren Sie eine Geisteshaltung, in der Sie den Menschen, die Hilfe benötigen, mit Mitgefühl begegnen.
- *Heiterkeit:*
  Kultivieren Sie eine Geisteshaltung, in der Sie nicht nur in angenehmen Situationen Freude empfinden, sondern auch Unangenehmem mit einer inneren Heiterkeit begegnen.
- *Gleichmut:*
  Kultivieren Sie eine Geisteshaltung, in der Sie Gleichmut in glückbringenden wie in leidbringenden, in guten wie in schlechten Situationen entwickeln.

Durch das so geförderte Klarwerden (prasādana) des Geistes kann sich die Türe für die Erfahrung einer umfassenderen Kraft aus der inneren Mitte öffnen.

5. Die Stufen der Yogaerfahrung

Sūtra I.51:

tasyāpi	*nirodhe*	*sarva-nirodhāt*
von dieser auch	Zurruhekommen,	durch alles Zurruhekommen

nirbījaḥ samādhiḥ
keimlose Einung

Wenn auch die keimhafte Einung zur Ruhe gekommen ist, dann entsteht dadurch, dass alles zur Ruhe gekommen ist, die keimlose Einung.

Während *Patañjali* zu Beginn die Yogaerfahrung mit Ruhen in der ‚Wesensidentität' (*svarūpa*) charakterisiert, rückt im Verlauf der *Yoga-Sūtras* mit *samādhi* ein ganz anderer Begriff in den Mittelpunkt. Dieser ursprünglich buddhistische Fachterminus sollte sich sogar zu dem wohl wichtigsten Begriff für die Yogaerfahrung schlechthin entwickeln. *Patañjali* zeigt zunächst in den *Sūtras* I.17-19, vor allem jedoch in den *Sūtras* I.41-51, die verschiedenen Stufen der Yogaerfahrung auf und benennt alle mit *samādhi*.

Da auch in der volksreligiösen Kultur Indiens der Begriff *samādhi* eine wichtige Rolle spielt, treten immer wieder auch Verwechslungen auf. Hinduistische Asketen sprechen von *samādhi* als einem Zustand der Versenkung und Absorption, in dem Geist, Atmung und Herzschlag zum Stillstand gekommen sind. Auf hinduistischen Festen lassen sich Asketen in solchen Versenkungszuständen in Erdlöchern eingraben, um diese dann, von den Gläubigen gefeiert, nach Tagen lebendig wieder zu verlassen. Wenn der Tod eines hinduistischen Gurus als *maha-samādhi, als* großer *samādhi* bezeichnet wird, glauben seine Anhänger, dass ihr Meister sich nun endgültig von seinem Körper gelöst hat und in die jenseitige Versenkung eingegangen ist. In diesem Sinne wird auch sein Grabmal *samādhi* genannt. Die Anhänger eines Heiligen versammeln sich an seinem *samādhi*, an seinem Grab, um dort zu beten und ihre Bitten an den ins Jenseits eingegangenen Meister zu richten. Manche *Yogīs* Indiens interpretieren *samādhi* bis heute als einen solchen auf eine jenseitige Welt ausgerichteten Versenkungszustand. All diese Phänomene können in den Hinduismus eingeordnet werden. Ihnen ist in diesem religiösen Zusammenhang auch ein besonderer Wert beizumessen. Im Yoga des *Patañjali* meint *samādhi* jedoch etwas vollkommen anderes.

Yoga im Sinn von *Patañjali* hat keine spektakulären Bewusstseinszustände und auch keine Jenseitserfahrungen im Blick. Ganz im Sinn der wörtlichen Übersetzung von s*amādhi* mit ‚Einung' geht es um die Erfahrung der inneren Einung im Hier und Jetzt. Dabei ist sogar mit der oft zu findenden Auffassung, bei *samādhi* handle es sich um das Ziel des Yoga, nur die halbe Wahrheit gesagt. Das Aufbrechen der *samādhi* genannten Erfahrung der inneren Einung geschieht schon mit den ersten Yogaerfahrungen. Wenn man beginnt, Yoga zu üben, und merkt, dass Yoga wirkt, wird schon das erste Aufglimmen von *samādhi* erfahren. Jedes weitere Zurruhekommen der Bindungen lässt weitere Funken der inneren Einung aufsprühen. Das Ziel des Yoga wartet auf die

Übenden nicht als das große Erwachen am Ende eines langen Weges. *Samādhi* kommt schon von Anfang an mit den ersten Yogaerfahrungen zum Durchbruch.

Um dies zu verdeutlichen, vergleicht *Patañjali* in *Sūtra* I.41 den Weg des Yoga mit der Reinigung eines getrübten Kristalls. Die Trübungen entsprechen der Steifheit, den Verspannungen, der Getriebenheit oder auch der Dumpfheit in Körper und Geist, die der Übende zu Beginn seines Yogaweges spürt. *Patañjali* benennt diesen Geisteszustand mit *citta vṛtti*, den gebundenen Bewegungen, besser dem gebundenen Bewegtwerden des Geistes. Heute wird gerne vom Ego des Alltagsbewusstsein gesprochen. Von hier aus nimmt der Yogaweg seinen Ausgang, wenn das Ungenügen, vielleicht sogar das Leiden an diesem Zustand, dazu führt, einen Yogakurs zu besuchen und eine Yogapraxis zu beginnen.

Einmal auf den Weg gekommen, sind wahrscheinlich schon bald positive Veränderungen in Körper und Geist wahrzunehmen, wenn die Getriebenheit des Denkens, Fühlens oder der Bedürfnisse zur Ruhe kommt. Dieses Zurruhekommen kann man sich nun wie das Auflösen der Trübungen in unserem Geistkristall vorstellen. Je klarer der Geist wird, desto mehr kann die einende Kraft von *samādhi* wirken.

In der Erfahrung der Einung von *samādhi* scheinen somit nicht zwei zunächst voneinander getrennte Dinge wieder vereinigt zu werden. *Samādhi* bedeutet ein Wachwerden für das Leben einer immer schon bestehenden Einheit des Menschen in seiner Wesensidentität, die jedoch durch die im

Alltagsbewusstsein wirkende Getriebenheit und Unbewusstheit nicht zum Durchbruch kommen kann.

Jeder weiß, dass die Klarheit nicht mit einem Schlag hergestellt wird, sobald man die Yogamatte betreten hat. Ganz im Gegenteil. Den Weg des Yoga zu gehen bedeutet, sich auf einen lange andauernden Reinigungsprozess einzulassen. Um den Weg des Yoga zu verstehen, unterscheidet *Patañjali* nun zwischen verschiedenen Stufen der Yogaerfahrung im Sinne von Stufen der inneren Einung von *samādhi.*

Die erste Stufe ist in *Sūtra* I.42 mit *savitarkā samāpatti* benannt, zu übersetzen mit ‚Transformation verbunden mit rationalem Denken'. Zu Beginn des Yogaweges zeigt es sich als wichtig, mit kritischem Denken zu prüfen, ob es sich bei der Praxis überhaupt um eine für den Übenden geeignete Praxis handelt. Mit rationaler Reflexion kann man unter dem großen Angebot differenzieren und letztlich die geeignete Übungsform finden.

Dem rationalen Denken sind jedoch auch Grenzen gesetzt. Solange man darüber nachdenkt, was die Bedeutung der Anweisungen ist und ob auch alles richtig gemacht wurde, ist es nicht möglich, in den Fluss des Übens zu kommen. Es wird vielleicht vieles verstanden, aber nur weniges gelebt.

Das Fortschreiten auf dem Weg der Transformation geschieht erst durch das Loslassen von dem zu Beginn so hilfreichen Denken. *Patañjali* spricht in *Sūtra* I.43 von *nirvitarkā samāpatti*, von der ‚Transformation ohne rationales Denken'. Wenn jetzt nicht mehr darüber nachgedacht wird, ob man auch alles richtig gemacht hat, wird es möglich, sich auf ein tieferes Erfahren von *samādhi* einzulassen. Klarheit und innere Stabilität wachsen, wenn nun die Kraft in der Leichtigkeit oder die innere Balance gleichsam wie von alleine aufbricht.

Die nächste Stufe des Yogaweges nennt *Patañjali* in *Sūtra* I.44 dann *savicārā samāpatti*, das heißt ‚Transformation verbunden mit Unterscheidung'. Der Übende erfährt, dass Yoga wirkt. Das heißt, auf der einen Seite steht das Ich, auf der anderen die Erfahrung. Der Geistkristall ist so zwar klarer geworden. Es besteht jedoch immer noch die Trübung genau dieser Unterscheidung zwischen dem wahrnehmenden Ich und der wahrgenommenen Erfahrung.

Erst wenn es gelingt, auch von dieser Unterscheidung loszulassen, kann nach den *Sūtras* I.44-50 *nirvicārā samāpatti* aufbrechen, die ‚Transformation ohne Unterscheidung'. Um diese Stufe der Yogaerfahrung zu erklären, bezieht sich *Patañjali* auf zwei Begriffe des *Veda*, den ältesten heiligen Texten des Hinduismus. Die Transformation ohne Unterscheidung ist daran zu erkennen, dass der Mensch seine wahre Identität in den Tiefen seiner Existenz aufleuchten sieht, die als Ruhen im *ātman*, das heißt dem wahren ‚Selbst', bezeichnet werden kann. Das Ruhen im wahren Selbst bedeutet jedoch nicht nur Bewusstheit seiner selbst, sondern auch Öffnung weit über sich hinaus. Der Mensch findet sich selbst, wenn er sich für die ewige Ordnung des *ṛta* öffnet, dem vedischen Begriff für die allumfassende, göttliche Ordnung, dem den ganzen Kosmos tragenden göttlichen Fundament. Jetzt hat sich nicht nur die Unterscheidung zwischen dem Ich und der äußeren Erfahrung aufgelöst. Der Weg nach innen wurde zu einer Öffnung für das Leben aus dem kosmischen Grund weitergeführt.

Patañjali nennt mit *ātman* und *ṛta* zwar zwei Begriffe, die man in heiligen Texten des *Veda* beschrieben findet. Mit Nachdruck macht er jedoch darauf aufmerksam, dass es hier weder um etwas geht, das man durch den Glauben an den *Veda* noch durch rationale Schlussfolgerung erkennen könnte. Die Transformation ohne Unterscheidung bricht aus den Tiefen der Wesensidentiät auf, wenn der Kristall des Geistes so klar wurde, dass in ihm die Einung von *samādhi* ohne jegliche Unterscheidung aufscheinen kann.

Man könnte nun meinen, dass jetzt das letzte Ziel des Yogaweges realisiert wäre. Überraschenderweise ist dies jedoch immer noch nicht der Fall. *Patañjali* bezeichnet alle bisher aufgeführten Stufen der Yogaerfahrung noch als *sabīja samādhi*, das heißt als ‚keimhafte Einung'. Alle vier tragen noch den Keim der Bindung in sich. Dieser Keim besteht im Streben nach der Verwirklichung eines Zieles, des Zieles der Verwirklichung von *samādhi*.

Alles läuft so auf *Sūtra* I.51 hinaus, dem oben schon zitierten *Sūtra*, das das erste Kapitel zum entscheidenden Abschluss bringt: „Wenn auch die keimhafte Einung zur Ruhe gekommen ist, dann entsteht dadurch, dass alles zur Ruhe gekommen ist, die keimlose Einung." Noch einmal steht der schon zu Beginn so wichtige Begriff des Zurruhekommens (*nirodha*) im Mittelpunkt. Vollkommenheit als Ziel des Yoga ist nicht genug. Weder Selbstverwirklichung noch Leben aus der alles umfassenden göttlichen Ordnung werden erstrebt. Nach Vollkommenheit und Heiligkeit zu streben erweist sich vielleicht sogar als die große Falle der besonders weit entwickelten *Yogīs*. Erst in der keimlosen Einung, in der auch der Keim des Strebens nach der Einung zur Ruhe gekommen ist, hat sich die letzte Trübung des Geistkristalls aufgelöst.

In der keimlosen Einung will niemand mehr etwas verwirklichen. So weiß vielleicht derjenige, der *nirbīja samādhi* erfährt, gar nicht, dass ihm oder ihr dieses Geschenk der inneren Einung zuteil wurde. Die Perspektive des Yogaweges, wie sie *Patañjali* am Ende des ersten Kapitels aufzeigt, erinnert an die Legende von der Begegnung des christlichen Mystikers Meister Eckhart mit einer einfachen Schwester. Die Schwester wies, im Unterschied zu dem großen, allseits verehrten Meister der Mystik, keinerlei Anzeichen von Selbstverwirklichung oder Gotteserfahrung auf. Und doch musste Meister Eckhart über sie sagen: „Ich habe den allerlautersten Menschen vernommen, den ich je gefunden habe, wie mich dünkt". Mit dem Verweis auf das letzte Ziel des Yoga, in dem sich jede Ausrichtung auf ein Ziel aufgelöst hat, schließt das erste Kapitel der *Yoga-Sūtras* des *Patañjali*.

Übung

Sie können sich in der folgenden Reflexionsübung die für jede Stufe der Yogaerfahrung charakteristischen Trübungen bewusst machen, um so an ihrer Auflösung zu arbeiten und in der Verwirklichung von samādhi zu wachsen.

I. Die vier Stufen der keimhaften Einung (sabīja samādhi)

1. *Transformation verbunden mit rationalem Denken*
   - *Beobachten Sie,*
     - *welche Übungspraxis für Sie hilfreich ist,*
     - *welche dies nicht ist,*
     - *welche Sie unterfordert*
     - *und welche Sie überfordert oder eher verkrampfen lässt.*
   - *Wählen Sie aus rationalen Gründen eine Ihnen entsprechende Übungspraxis, die Sie auf Ihrem Weg fördern kann.*
   - *Wenn Sie mit einem Lehrer oder einer Lehrerin üben, folgen Sie den für gut befundenen und richtig verstandenen Anweisungen.*

Machen Sie sich bewusst, dass rationales Denken ihren Yogaweg am Anfang fördern kann. Rationales Denken hilft jedoch nur wie eine Krücke, die bei einer Beinverletzung hilfreichen Halt gibt.
Wenn Sie gesunden und dann selbständig laufen können, wird Sie die Krücke am weiteren Wachsen hindern.

2. *Transformation ohne rationales Denken*

   - *Wenn Sie sich in der Technik der Übungspraxis sicher sind, versuchen Sie, vom Denken loszulassen, um sich immer intensiver auf die Praxis einzulassen.*
   - *Versuchen Sie nicht mehr ihr Verständnis von samādhi aus dem hier dargelegten Konzept herzuleiten.*
   - *Lenken Sie Ihre Aufmerksamkeit auf die Erfahrung, auf das eigene Spüren der wachsenden Klarheit in Körper und Geist.*

3. *Transformation verbunden mit Unterscheidung*

   - *Nehmen Sie wahr, wie Sie immer noch zwischen Ihrem Ich und Ihren Erfahrungen unterscheiden.*
   - *Sind Sie vielleicht sogar stolz darauf, dass es Ihnen vergönnt ist, so wunderbare Erfahrungen zu machen?*
   - *Machen Sie sich bewusst, dass die hier beschriebene Unterscheidung zwischen wahrnehmendem Ich und wahrgenommener Erfahrung im Extremfall sogar zu spirituellem Hochmut führen kann, wenn die Erfahrungen dazu genutzt werden, Ihr Ego aufzublähen.*

4. *Transformation ohne Unterscheidung*

   - *Kultivieren Sie in ihrer Übung eine Haltung, in der Sie auch von der Unterscheidung zwischen Ihrem Ich und der von Ihnen gemachten Erfahrung loslassen.*

- *Sie können diese Haltung fördern, indem Sie zunächst Ihren Blick nach innen richten und sich auf die Erfahrung des Ruhens im wahren Selbst (ātman) ausrichten.*
- *Lassen Sie in dieser Konzentration auf Ihr Innen immer mehr los, um sich auf die alles umgreifende ewige Ordnung (ṛta) einzulassen, das göttliche Fundament, das den ganzen Kosmos trägt.*
- *Kultivieren Sie diese Erfahrung der Einung, in der sich nun auch die trennende Unterscheidung zwischen innen und außen aufgelöst hat. Leben Sie Yoga so nicht nur auf der Matte oder dem Meditationskissen, sondern auch mitten in Alltag.*

II. Die keimlose innere Einung (nirbīja samādhi)
Erst in der keimlosen Einung ist auch das Streben nach der Verwirklichung von samādhi zur Ruhe gekommen, das für alle bisher beschriebenen Stufen der Yogaerfahrung charakteristisch war.

Jetzt wird klar, dass es sich bei den von Patañjali so konkret beschriebenen Stufen des Yogaweg letztlich doch nicht um eine Leiter handelte, auf der man Stufe um Stufe hinaufsteigen konnte, um letztlich am Ziel anzukommen.

Jede rational zu unterscheidende Stufe und jedes konkret vorzustellende Ziel haben sich aufgelöst. Die Verwirklichung von samādhi in seiner Fülle ist weder zu erstreben noch zu üben. Die keimlose Einung bedeutet das Ende des Strebens nach der Verwirklichung von Zielen und somit auch das Ende der Übungspraxis des Yoga.

6. Yoga als spiritueller Lebensweg

Sūtra II.1:

tapaḥ - svādhyāya - īśvarapraṇidhānāni kriyā-yogaḥ
Askese eigenes Studium Hingabe an Gott Praxis Yoga

Askese, eigenes Studium heiliger Texte und
die Hingabe an Gott, das sind die drei Bereiche,
durch die sich die Praxis des Yoga
für den spirituellen Weg öffnet.

Nachdem am Ende des ersten Kapitels die Frage nach dem letzten Ziel des Yogaweges in den Blick genommen wurde, zeigt *Patañjali* zu Beginn des zweiten Kapitels, wie die Praxis des Yoga für *sādhana*, für den spirituellen Lebensweg, geöffnet werden kann. In *Sūtra* II.1 sind diesbezüglich drei Bereiche genannt: Askese (*tapas*), eigenes Studium heiliger Texte (*svādhyāya*) und Hingabe an Gott (*īśvarapraṇidhāna*). Alle drei würde man zunächst der Religion, vielleicht sogar dem Hinduismus zuordnen.

Indienreisende können noch heute in Höhlen des Himālaya oder an den heiligen Flüssen des Subkontinents die oft nur mit Asche bekleideten Asketen beobachten, die allem Sinnlichen und Irdischen entsagen. Diese *tapas* übenden Asketen genießen in der hinduistischen Gesellschaft bis heute hohes Ansehen, wenn sie alles Materielle dieser Welt negieren. Sie werden so als Zeuge einer jenseitigen Welt angesehen.

Als zweites führt *Patañjali svādhyāya* auf, das eigene Studium der heiligen Texte. Dieses beginnt in der hinduistischen Kultur traditionell mit dem oft lange andauernden Auswendiglernen von überlieferten Texten, die der Meister vorträgt, damit sie der Schüler, die einzelnen Verse immer wieder erneut rezitierend, erlernen kann. Das auswendige Rezitieren bildete dann die Grundlage dafür, im Anschluss auch in den Inhalt der Texte eingeweiht zu werden. Das Studium von Schriften oder gar das Selbststudium im Sinne der kritischen Selbstbeobachtung sind im traditionellen indischen Kontext weit weniger üblich, als wir dies aus der westlichen Kultur kennen.

Als dritter Bereich ist zuletzt das berühmte *īśvaraprānidhāna* genannt, die Hingabe an Gott. Wir kennen diese Formulierung schon aus *Sūtra* I.23 im Zusammenhang der Hingabe an den wahren, göttlichen Meister. Es wurde hier schon erläutert, dass mit dem wörtlich mit ‚Herr' zu übersetzenden Begriff *īśvara* der Herrscher als das göttliche Wesen oder Gott mit absoluter Macht gemeint ist. Der Gläubige praktiziert die Hingabe an Gott, indem er in Gebet oder Ritual sich in glaubendem Vertrauen an die von ihm verehrte Gottheit wendet.

Der erste Eindruck, dass *Patañjali* zu Beginn des zweiten Kapitels drei Formen der religiösen Praxis des Hinduismus aufführt, scheint sich zunächst zu bestätigen. Um zu verstehen, was *Patañjali* wirklich mit Yoga als spirituellem Lebensweg meint, ist es notwendig, etwas genauer hinzuschauen. Die Praxis, wie sie hier beschrieben wird, beginnt durchaus innerhalb der Religion. Das Entscheidende folgt jedoch noch. Das Entscheidende geschieht mit den Veränderungen im Übenden auf dem Weg. Wichtig ist, jetzt weiterzulesen.

Es ist das folgende *Sūtra* II.2, das klar formuliert, dass der ursprüngliche Sinn der drei zunächst religiösen Übungsformen in ihrer Öffnung für einen spirituellen Lebensweg liegt: „Ihr ursprünglicher Sinn liegt in der Ausrichtung auf die innere Einung (*samādhi*) und in der Verringerung der leidhaften Bindung (*kleśa*) an die Dinge der Welt“. Mit anderen Worten, die religiöse Praxis wandelt sich zu einem spirituellen Lebensweg im Sinne des Yoga, wenn sich der Übende auf einen inneren Wandlungsprozess einlässt, der sein ganzes Leben für die innere Einung von *samādhi* öffnet und so das Leiden des Menschen grundsätzlich auflöst. Mit der Hilfe von *Sūtra* II.2 wird es nun möglich, Askese, eigenes Studium der heiligen Texte und Hingabe an Gott in ihrem spirituellen, das heißt yogischen Sinn zu verstehen.

Was ist nun der spirituelle Sinn von Askese (*tapas*)? Die religiösen Asketen des Hinduismus haben durchaus erkannt, dass die weltlichen Dinge nur kurzfristige Freuden bringen. Sobald sie vergehen, entsteht durch ihren Verlust Leiden. Aus diesem Grund entsagen sie der Welt, um sich so auf jenseitige Freuden auszurichten.

Askese im spirituellen Sinn des Yoga sieht die Ursache des Leidens jedoch nicht in der äußeren Welt, sondern in der inneren Bindung. Im spirituellen Sinn gilt es, sich nicht der Nahrung zu enthalten, sondern sich von der inneren Abhängigkeit an das immer mehr und immer besser Essenmüssen zu lösen. Nicht die sinnlichen Freuden werden abgelehnt, sondern die innere Bindung an sie, die sich in ihrem Extrem sogar zur Sucht entwickeln kann. Wohlstand ist nicht schlecht, sondern die Identifikation mit dem eigenen Haus, dem Auto, der Kleidung oder all den anderen Dingen, an welchen man hängen kann. Und auch in der Anerkennung durch die Mitmenschen wird nicht das Übel gesucht, sondern in der Abhängigkeit von der Meinung anderer.

Wenn *Patañjali* nun von Askese als einem Bereich spricht, in welchem sich die Praxis des Yoga für den spirituellen Weg öffnen kann, so mag er zu Beginn vielleicht sogar die religiöse Askese akzeptiert haben. *Sūtra* II.2 macht jedoch deutlich, dass der Weg weiter zu gehen ist. Askese hat sich von der äußeren Abkehr von der Welt zu einem inneren Loslösungsprozess zu wandeln. Askese im spirituellen Sinn richtet sich nicht auf jenseitige Freuden aus, sondern öffnet sich für die innere Zufriedenheit im Hier und Jetzt. Sie entspringt aus der Kraft der inneren Einung, die *Patañjali samādhi* nennt.

Parallel hierzu kann das eigene Studium (*svādhyāya*) bei der Rezitation heiliger Texten durchaus seinen Anfang nehmen. Die Ausrichtung auf den äußeren Text bedeutet jedoch auch hier Bindung an Vergängliches. Im spirituellen Sinn wird die Heiligkeit nicht mehr im Text, sondern in uns selbst gesucht. Die Texte, so heilig sie für den gläubigen Hindu auch sein mögen, haben im spirituellen Sinn keinen Wert in sich selbst. Ihnen kommt die Aufgabe zu, dem Übenden wichtige Impulse für den inneren Wandlungsprozess zu geben, um ihn für seine *samādhi* genannte innere Heiligkeit zu öffnen.

Zuletzt ist auch die Hingabe an Gott (*īśvarapranidhāna*) nicht mehr religiös, sondern im spirituellen Sinn zu verstehen. In der religiösen Hingabe sieht der Gläubige die Begrenztheit seiner eigenen Kräfte und bittet ein außerhalb vorgestelltes, höheres Wesen um Hilfe und Schutz. Als spirituelle Praxis wird die Hingabe an Gott zur Praxis, die den Übenden nach innen öffnet. Von allem Denken und Machen loslassend, gilt es, eine den ganzen Menschen erfassende Haltung der Hingabe und des Vertrauens zu kultivieren, in der die innere Kraft der Einung von *samādhi* aufbrechen kann.

Alle drei Bereiche, Askese, das eigene Studium heiliger Texte und die Hingabe an Gott, können zu Beginn durchaus im religiösen Sinn verstanden werden. Als Übung des Yoga weisen sie über Religion weit hinaus und öffnen die Praxis für den *sādhana* genannten Pfad, für Yoga als spirituellen Lebensweg.

Übung

Die Öffnung der Yogapraxis auf den sādhana genannten, spirituellen Lebensweg kann konkret geübt werden. Wählen Sie zunächst aus Askese, eigenem Studium heiliger Texte und der Hingabe an Gott den Bereich aus, der Sie am meisten anspricht. Mit der Zeit können Sie dann auch die anderen beiden Bereiche integrieren.

Askese (tapas)

- *Versuchen Sie sich zunächst einer konkreten Sache, an die Sie sich innerlich gebunden fühlen, über einen von Ihnen festgelegten Zeitraum zu enthalten (Kaffeegenuss, Schokolade, Fernsehen, Shopping usw.)*
- *Nehmen Sie die hierdurch entstehende, leidbringende innere Bindung wahr, die von Patañjali kleśa genannt wird.*
- *Immer dann, wenn Sie diese innere Bindung erfahren, richten Sie sich auf Ihre innere Mitte aus und versuchen, sich von ihr tragen zu lassen.*
- *Beobachten Sie, was mit Ihren Bindungen geschieht, wenn die Kraft der inneren Einung (samādhi) zu tragen beginnt.*

Eigenes Studium heiliger Texte (svādhyāya)

- *Wenn Sie die Möglichkeit haben, erlernen Sie die Kunst der Rezitation der alten Sanskrittexte, wie sie seit Jahrtausenden in Indien geübt wird.*
- *Sie können jedoch auch den eher modernen Ansatz wählen, indem Sie die klassischen Texte als Schriften in deutscher Übersetzung studieren.*

- *Wählen Sie nun einen Text, den Sie als besonders hilfreich erfahren. Was sind die Aspekte des Textes, die Ihnen helfen, Ihren durch die Yogapraxis geförderten Wandlungsprozess besser zu verstehen und zu intensivieren?*
- *In einem spirituellen Tagebuch können Sie Ihre Erfahrungen notieren: Schreiben Sie auf, wie Ihr Verständnis des Yogaweges wächst, wenn die Kraft der inneren Einung (samādhi) zu tragen beginnt.*

Hingabe an Gott (īśvarapraṇidhāna)

- *Gehen Sie auf die Suche nach dem, worauf Sie letztlich vertrauen und Ihr Leben in umfassender Weise gründen können. Es ist unerheblich, ob Sie von Gott oder einer kosmischen Kraft sprechen oder einen anderen Begriff finden.*
- *Finden Sie ein Ritual, durch das Sie Ihr Vertrauen zum Ausdruck bringen und fördern können.*
- *Wenn Sie sich in diesem Ritual zunächst an ein göttliches Wesen wenden, dass Sie sich außerhalb Ihrer selbst vorstellen, versuchen Sie mit der Zeit den Blick immer mehr nach innen zu richten, um sich so von Ihrer inneren, göttlichen Mitte tragen zu lassen.*
- *Die Hingabe an Gott kann sich so zu einer inneren Haltung des allumfassenden Vertrauens und der Hingabe in Ihrem gesamten Leben entwickeln.*
- *Beobachten Sie, was geschieht, wenn im Wachsen der inneren Hingabe die Kraft der inneren Einung (samādhi) zu tragen beginnt.*

7. Die Ursache des Leidens und seine Auflösung

Sūtra II.3:

avidyā - asmitā - rāga - dveṣa - abhiniveśāḥ
Unbewusstheit Ich-Sinn Begierde Hass Am-Leben-Hängen

pañca kleśāḥ
fünf leidhafte Bindungen

Unbewusstheit, Ich-Sinn, Begierde/Zuneigung, Hass/Abneigung und das Am-Leben-Hängen sind die fünf leidhaften Bindungen.

Nachdem das für das zweite Kapitel namensgebende Thema abgehandelt wurde, geht *Patañjali* ganz an den Anfang des Yogaweges zurück. Parallel zu den ersten *Sūtras* wird noch einmal die Frage gestellt: „Wo setzen die Wirkungen des Yoga an?“. Die Antwort lautet dieses Mal: bei den *kleśas*, den leidhaften Bindungen, als den Wurzelursachen allen Leidens. Yogaübungen wirken sehr vielseitig. Sie können bewirken, dass Kopfschmerzen nachlassen oder auch dass man besser einschlafen kann. Yoga meint jedoch viel mehr. Letztlich geht es um die Auflösung der Wurzel allen Leidens.

Schon in *Sūtra* II.2 wurde der Begriff *kleśa* eingeführt. Dabei geht der Begriff keineswegs auf *Patañjali* selbst zurück. Schon in den ältesten buddhistischen Texten, die viele Jahrhunderte vor den *Yoga-Sūtras* entstanden sind, ist von den *kleśas* als Grundprinzipien des Leidens die Rede. *Patañjali* entwickelt nun in insgesamt 15 *Sūtras* (II.3-II.17) seine

Konzeption von den Wurzelursachen des Leidens, die sich im Laufe der Zeit zu einer der wichtigsten Lehren der Yogaphilosophie entwickeln sollte.

Der Begriff *kleśa* kann mit ‚leidhafter Bindung' übersetzt werden. Dabei ist es wichtig, Leiden nicht mit Schmerzen zu verwechseln. Schmerzen sind zwar unangenehm. In den meisten Fällen müssen sie jedoch als durchaus gut und hilfreich beurteilt werden. Schmerzen machen auf einen Missstand aufmerksam, den es möglichst bald zu beseitigen gilt. Man wird niemandem Schmerzen wünschen. Würde der Daumen aber nicht schmerzen, wenn der Hammer den Nagel verfehlt, wäre keine Veranlassung gegeben, sich um die Versorgung einer möglichen Wunde zu kümmern. Vielleicht kann man sogar den Kopfschmerzen dankbar sein, wenn sie dazu führen, dem zu langen Arbeiten am Computer oder anderen ungesunden Tätigkeiten ein Ende zu setzen.

Die *kleśas* haben nichts mit Schmerzen zu tun, sondern meinen Grundprinzipien des Leidens. Der Unterschied zwischen Schmerzen und Leiden wird deutlich, wenn man sich klar macht, dass manche Menschen schon bei geringen Schmerzen leiden, während bei anderen selbst bei starken Schmerzen nur wenig Leiden zu erkennen ist. Der Grund liegt an der je unterschiedlichen inneren Bindung an Schmerzen. Es ist das Anhaften an den Schmerz, das Leiden hervorruft. Je mehr der Mensch aus einer inneren Stabilität lebt, desto weniger wird er durch Schmerzen mitgerissen und leidet dementsprechend weniger. Was *Patañjali* mit *kleśas* meint, zielt auf genau diese innere Bindung als die Wurzelursache des Leidens. Dabei geht es allerdings nicht nur um das Leiden durch das Anhaften an Schmerzen.

In *Sūtra* II.3 zählt *Patañjali* insgesamt fünf leidhafte Bindungen auf, als erstes *avidyā*, die Unbewusstheit. Hier ist keineswegs Unwissenheit oder mangelndes Wissen gemeint. Das *kleśa* Unbewusstheit entsteht durch die Bindung an die Dinge der Welt, wodurch das wahre Selbst in der Tiefe menschlicher Existenz verdunkelt wird. Unbewusstheit meint eine Leiden hervorbringende, grundlegende Verwechslung, die *Patañjali* wie folgt erklärt.

Das Zeitliche wird mit dem wahrhaft Beständigen verwechselt. Dies liegt vor, wenn man glaubt, dass es die zeitlichen Dinge sind, die zählen und wahrhaftig tragen. Je mehr der Mensch an seinen Besitz oder auch an sinnliche Freuden gebunden ist, desto mehr wird er leiden, wenn letztlich all das Zeitliche und somit Vergängliche vergeht.

Zweitens besteht Unbewusstheit in der Verwechslung des Unreinen mit dem Reinen. Unreines bedeutet eine von Neid, Gier oder Angst getriebene Lebenspraxis, wodurch ein aus reinem Herzen lebendes Handeln aus dem Blick gerät. Durch diese Unreinheiten ist eine ursprüngliche und authentische Praxis nicht mehr möglich, so dass Leiden unumgänglich wird.

Was *Patañjali* mit der Verwechslung von Leiden und wahrem Glück meint, ist schwer zu verstehen. Kann der Mensch so unbewusst sein, dass er Leiden für das wahre Glück hält? Die Antwort laut, ja, er kann. Gemeint ist die Abhängigkeit von kurzfristigen Glückserfahrungen, die letztlich in Leiden münden. Hierzu gehört das Glück sinnlicher Freuden oder auch das Glück, das durch die Anerkennung durch andere Menschen entsteht. Auch dieses zeitliche Glück muss wegen seiner Zeitlichkeit vergehen. Wenn die sinnlichen Freuden vergangen sind oder die Anerkennung in Verachtung umgeschlagen ist, wird der an all diese Dinge gebundene Mensch doch wieder nur noch mit Leiden konfrontiert.

Zuletzt nennen die *Yoga-Sūtras* als viertes Kennzeichen der Unbewusstheit noch die Verwechslung von Nicht-Selbst mit dem wahren Selbst. Der Mensch glaubt im Alltagsbewusstsein schon sich selbst gefunden zu haben. Er merkt nicht, wie sehr er abhängig, gebunden, fremdbestimmt und getrieben ist. Welche Möglichkeiten in ihm liegen, was ein ursprüngliches Leben aus der inneren Mitte des wahren Selbst bedeutet, ist verdeckt. Durch die Unbewusstheit für die eigene Tiefe bleibt der Geist fest an der Oberfläche seiner getriebenen Aktivitäten gebunden und muss leiden.

Die vier Verwechslungen der Unbewusstheit zeigen, wie der Mensch an die Dinge der Welt, an sein alltägliches Denken, Fühlen oder seine Bedürfnisse gebunden ist. Er wird so davon abgehalten, in die Tiefe vorzudringen und das wahrhaft Beständige, Reine, Glück und das wahre Selbst zu erfahren.

Das Alltagsbewusstsein ist sich dabei dieser Verwechslung meist nicht bewusst. Es pflegt die felsenfeste Meinung, ganz klar erkennen zu können, was doch dem gesunden Menschenverstand entspricht. Und doch handelt es sich bei diesem gesunden Menschenverstand genau um die Unbewusstheit, die den Menschen an der Oberfläche seiner Möglichkeiten festhält. Die Unbewusstheit gilt so als das Fundament für die nun folgenden vier leidhaften Bindungen.

Als zweites *kleśa* ist *asmitā* genannt, der Ich-Sinn oder die Ichheit. Heute spricht man oft auch vom Ego. Dabei geht es allerdings nicht um Egoismus als Haltung, in der der Mensch gegen die anderen für sich selbst Vorteile erheischen will. Ego meint den Ich-Sinn, wie ihn jeder als sein Alltags-Ich erfährt. Der Ich-Sinn bedeutet den Geisteszustand, in dem der Mensch zwar von seinem Ich spricht, dabei aber nicht erkennt, wer er wirklich ist. Das Ego ist an die Oberfläche seiner Existenz gebunden, identifiziert sich mit seinem Körper, dem Beruf, der gesellschaftlichen Stellung, mit der Anerkennung anderer Menschen und manchmal sogar mit dem eigenen Haus oder dem Auto. All diese Dinge sind jedoch zeitlich und damit vergänglich. Es ist zwar möglich, den Alterungsprozess des Körpers zu verlangsamen, das ganze Leben auf Karriere auszurichten oder möglichst viel zu besitzen. Das Ego, das sich mit all diesen Dingen identifiziert, wird jedoch notwendig mit ihnen vergehen. Und umso mehr es an sie gebunden war, desto mehr entsteht bei ihrem Verlust Leiden.

Die *kleśas* drei und vier können als die beiden gegensätzlichen, aber sich ergänzenden Triebkräfte verstanden werden. *Patañjali* spricht von *rāga* und *dveśa*, zu übersetzen mit Begierde/Zuneigung und Hass/Abneigung. Man fühlt sich zunächst an das Motiv von Sex and Crime erinnert, an die Faszination des Menschen von sinnlicher Lust und der Lust an der Zerstörung. *Patañjali* denkt in die gleiche Richtung, meint mit diesen beiden *kleśas* jedoch grundlegendere Prinzipien.

Begierde/Zuneigung beschränkt sich nicht nur auf den Sexualtrieb, sondern weist auch auf das grundsätzliche Habenwollen des Menschen. Es geht um den Drang, immer mehr besitzen zu wollen, wenn man von einer Vergnügung zur nächsten getrieben wird. Jeder kennt das Hochgefühl des Glücks bei der Erfüllung eines wichtigen Wunsches. Die Erfahrung zeigt, dass die Wiederholung der gleichen Situation nicht mehr das gleiche Glück hervorruft. Bekannt ist der Spruch von Wilhelm Busch: ‚Ein jeder Wunsch, wenn er erfüllt, kriegt augenblicklich Junge'. Begierden erzeugen neue Begierden. Und selbst wenn man alles hätte, was man sich wünscht, kann sich doch bald auch die Angst breitmachen, dieses alles wieder zu verlieren. Spätestens dann, wenn tatsächlich das verloren wurde, woran die Begierde gebunden war, ist das Leiden unvermeidlich.

Parallel hierzu meint *Patañjali* mit Hass oder Abneigung nicht nur den Aggressionstrieb, sondern das prinzipielle Nichthabenwollen von all den Dingen, die unangenehm sind. Auch hier kommt eine grundsätzliche Getriebenheit zum Ausdruck, wie sie zum Beispiel in den Mechanismen des Streites deutlich wird. Im Allgemeinen folgt auf ein böses Wort des Streitgegners notwendig die entsprechende Antwort, die dann den Gegner wieder zur Reaktion zwingt. Der Streit verläuft nach einer Gesetzmäßigkeit, wie ein Zug auf seiner vorgesehenen Strecke von einem Bahnhof zum nächsten fährt. Man weiß dies, will es oft nicht und trotzdem geschieht es immer wieder. Eine leidvolle Situation bringt das nächste Leiden hervor, ohne dass ein Ausweg als möglich erscheint.

Das fünfte und letzte *kleśa* gilt als das hartnäckigste. *Abhiniveśa*, das ‚Am-Leben-Hängen', ist nach *Patañjali* selbst bei Fortgeschrittenen zu finden. Gemeint ist die Urangst des Menschen zu vergehen. Das Besondere dieses *kleśa* liegt in dem Umstand, dass kaum jemand bemerkt, dass diese leidvolle Bindung überhaupt existiert. Jeder weiß, dass man sterben muss. Gut - das ‚Man' muss sterben, aber doch nicht ich. Fast alle Menschen haben umfassende Verdrängungsmechanismen entwickelt, so dass die eigene Vergänglichkeit in der alltäglichen Unbewusstheit im Normalfall kein Thema bildet. Einmal bewusstgeworden, gehört das Am-Leben-Hängen zu den am schwersten zu überwindenden Ursachen des Leidens.

Leicht kann man in der umfassenden Analyse der so zahlreich aufgeführten Prinzipien den Überblick verlieren. Letztlich geht es jedoch nur um eines. *Patañjali* zeigt mit den *kleśas* die Wurzel des Leidens auf, um deutlich zu machen, wie tief die Praxis des Yoga ansetzt. Bei den zahlreichen Wirkungen der Yogaübungen geht es letztlich doch immer nur um eines, um die Auflösung des Leidens in seiner Wurzel.

In den das Thema zuspitzenden *Sūtras* II.10-11 werden dann die zwei entscheidenden Prinzipien genannt, die diese Auflösung der *kleśas* fördern: ‚innere Umkehr' (*pratiprasava*) und ‚Meditation' (*dhyāna*). Wenn *Patañjali* von Meditation spricht, meint er nicht nur Meditation als geistige Übungspraxis, wie man sie zum Beispiel von Meditation mit einem

Mantra kennt. Meditation bedeutet innere Umkehr. Meditation ist in jeder Yogaübung zu finden, wenn sie sich von der Anwendung einer äußeren Technik zur Yogapraxis im ursprünglichen Sinn entwickelt hat.

Auch die heute so bekannten Körperübungen der *āsanas* können zur Meditation werden. Dies geschieht immer dann, wenn die Übung nicht nur aus dem Einnehmen einer bestimmten Körperstellung besteht, sondern auf eine innere Umkehr ausgerichtet ist. Auch Atemübungen werden zur Meditation, wenn sie nicht mehr nur den Atem kontrollieren, sondern einen inneren Loslösungsprozess initiieren.

Ein weiteres Mal macht *Patañjali* deutlich, um was es im Yoga ursprünglich geht. Jede Übung hat das Potential zur Meditation, wenn sie die innere Umkehr und so die Auflösung der *kleśas* als Wurzelursachen des Leidens fördert. Nun geschieht die Auflösung der Unbewusstheit (*avidyā*), wenn die innere Achtsamkeit wächst. Die Kraft des Ich-Sinns (*asmitā*) nimmt ab, wenn ein Leben aus innerer Stabilität des wahren Selbst erwacht. Begierde/Zuneigung (*rāga*) schwindet, wenn die Klarheit des wunschlosen Glücks entsteht. Hass/Abneigung (*dveṣa*) nimmt ab, wenn man durch Beleidigungen nicht mehr mitgerissen wird. Und zuletzt lernt man vielleicht sogar mit größerer Gelassenheit dem Leiden an der eigenen Vergänglichkeit zu begegnen, wenn sich das *kleśa* Am-Leben-Hängen (*abhiniveśa*) aufzulösen beginnt.

Übung

Die folgende Reflexionsübung besteht aus drei Schritten. Zunächst machen Sie sich Ihrer Leiderfahrungen bewusst, um dann den Blick auf die innere Ursache des Leidens zu richten. Abschließend gilt es sich des meditativen Potentials Ihrer Yogapraxis zu vergegenwärtigen, durch das Yoga auf die Auflösung der Ursache des Leidens ausgerichtet wird.

1. Wo und an was leiden Sie?
Nehmen Sie ein Blatt Papier zur Hand und notieren Sie Stichworte zu Ihren großen oder kleinen Leiderfahrungen. Achten Sie darauf, wie sehr Sie sich in dieser Übung mit Ihren Leiderfahrungen konfrontieren wollen. Der Sinn der Übung liegt nicht darin, sich zu überfordern, sondern sich darüber klar zu werden, wo und an was Sie leiden.

2. Die Wurzelursache des Leidens (kleśa)
Jedes Leiden hat eine äußere Ursache. Hier gilt es jedoch den Blick nicht nach außen, sondern auf die innere Ursache des Leidens zu lenken.
Wählen Sie zunächst nur eine der auf Ihrem Blatt notierten Leiderfahrungen. Wenn Sie versuchen, diese Erfahrung in eine oder mehrere der folgenden Kategorien einzuordnen, wird es möglich, sich Ihrer inneren Ursache bewusstzuwerden.

- *Unbewusstheit (avidyā):*
    - *Haben Sie vergängliche Dinge für beständig gehalten,*
    - *wollten gut handeln, waren aber doch von Neid, Gier, Hass usw. bestimmt,*

  - *wollten glücklich sein, haben aber doch nur auf kurzfristige Glückserfahrungen gesetzt,*
  - *wollten authentisch leben, haben aber doch so gehandelt, wie es Ihnen eigentlich nicht entspricht?*
- *Ich-Sinn (asmitā):*
  - *Haben Sie sich mit Ihrem Körper, Ihrem Beruf, mit Ihrer gesellschaftlichen Stellung, mit der Anerkennung anderer Menschen oder mit Ihrem Haus, Auto usw. identifiziert?*
- *Begierde/Zuneigung (raga):*
  - *Haben Sie etwas haben gewollt, das verloren ging*
  - *oder das Sie nicht bekommen konnten?*
- *Hass/Abneigung (dveṣa):*
  - *Wollten Sie etwas nicht haben, wurden jedoch damit konfrontiert?*
- *Am-Leben-Hängen (abhiniveśa):*
  - *Sind Sie sich Ihrer eigenen Vergänglichkeit bewusst geworden?*

3. Die Auflösung der Wurzelursachen des Leidens (kleśas)
Werden Sie sich des meditativen Potentials Ihrer Yogapraxis bewusst:

- *Wo haben Sie in Ihrer Praxis schon einmal Momente einer inneren Umkehr erfahren?*
- *Nehmen Sie diese Erfahrungen als Motivation für ein weiteres, engagiertes Üben, um so die Auflösung der leidhaften Bindungen der kleśas zu fördern.*

II. Der achtgliedrige Übungsweg

Nach der Zusammenstellung der zentralen Themen der Yoga-Philosophie stößt man, ab der Mitte des zweiten Kapitels, auf den wohl berühmtesten Teil der *Yoga-Sūtras*, den ‚achtgliedrigen Übungsweg des Yoga' (*aṣṭaṅga yoga*). Kaum eine Lehre des Yoga hat eine größere Bedeutung erlangt als dieses Übungssystem der acht Glieder. Mit seinen 83 *Sūtras* umfasst das System die zweite Hälfte des zweiten Kapitels und das gesamte dritte Kapitel. Der achtgliedrige Übungsweg befindet sich somit genau in die Mitte des Gesamttextes.

Dabei stützt sich *Patañjali* auch hier, wie bei zahlreichen anderen seiner Lehren auch, auf buddhistische Vorbilder. Es waren die Buddhisten, die ihre Übungspraxis mit dem ‚Edlen Achtfachen Pfad' (*ārya aṣṭāṅga mārga*) systematisierten. *Patañjali* übernimmt nicht nur das buddhistische Konzept von acht Gliedern, sondern sogar die hier zu findende Betonung der Meditation. Auf dieser Grundlage entwirft er den heute als klassisch geltenden achtgliedrigen Übungsweg des Yoga.

Yoga nach *Patañjali* hat somit auf den ersten Blick wenig zu tun mit dem heutigen Verständnis von Yoga als Körperpraxis. Der achtgliedrige Übungsweg kann jedoch zeigen, dass *Patañjali* die Meditation nicht nur als geistige Übung kennt, sondern auch als innere Mitte aller Yogaübungen. Durch die Beschäftigung mit dem achtgliedrigen Übungsweg wird deutlich, welches gewaltige Potential im heutigen Yoga oft noch unentdeckt verborgen liegt. Es gilt die Körperpraxis vom gymnastischen Turnen zur Körpermeditation zu entwickeln und die Atemübungen von der Atemtechnik zur Meditation des Atmens. Der achtgliedrige Übungsweg zeigt, was eine Übungspraxis überhaupt zu Yoga im ursprünglichen Sinn macht.

Über das Verhältnis der acht Glieder zueinander wurde seit der Entstehung der *Yoga-Sūtras* viel diskutiert. Die einen gingen davon aus, dass die einzelnen Glieder wie Perlen auf einer Perlenkette gleichberechtigt nebeneinander angeordnet sind. Andere meinten, dass es sich um acht aufeinander folgende Stufen handelt. Tatsächlich ist wohl beiden Seiten Recht zu geben, wenn einerseits einzelne Übungen durchaus parallel nebeneinander geübt werden können, auf der anderen Seite aber bei bestimmten Übungen durchaus eine auf einander aufbauende Hierarchie festzustellen ist.

Die ersten beiden Glieder beschreiben Übungen für gutes Handeln und für eine gute Yogapraxis. Es folgen mit den Gliedern drei bis fünf die Übungen der rechten Sitzhaltung, der Atemregelung und des Zurückziehens der Sinne. Die letzten drei Glieder des Systems erläutern die Grundprinzipien der Meditation als inneren Kern nicht nur der ersten Glieder, sondern jeder Yogaübung. Der Abschnitt endet mit umfassenden Erläuterungen zum Umgang mit den Wirkungen des Yoga.

8. Übungen für das gute Handeln

Sūtra II.30:

ahiṃsā - satya - asteya-
Nichtverletzen Wahrheit Nichtstehlen

brahmacarya - aparigrahā yamāḥ
sexuelle Enthaltsamkeit Nichtbesitzergreifen Gebote

Nichtverletzen, Wahrhaftigkeit, Nichtstehlen,
sexuelle Enthaltsamkeit und Nichtbesitzergreifen,
dies sind die Gebote für das gute Handeln.

Der achtgliedrige Übungsweg beginnt mit den fünf *yamas*, dem viel beachteten Grundkonzept yogischer Ethik. Beim Nichtverletzen könnte es sich um das radikaler formulierte biblische Gebot ‚Du sollst nicht töten' handeln. Wahrhaftigkeit erinnert an das ‚Falschzeugnisverbot'. Nichtstehlen würde dem ‚Du sollst nicht stehlen' entsprechen, die sexuelle Enthaltsamkeit dem Gebot ‚Du sollst nicht begehren deines Nächsten Frau' und Nichtbesitzergreifen dem ‚Du sollst nicht begehren deines Nächsten Gut'. Da der Begriff *yama* auch mit ‚Gebot' übersetzt werden kann, ist es durchaus möglich davon auszugehen, dass es sich bei den fünf *yamas* um die fünf Gebote des Yoga als Kurzfassung der jüdisch/christlichen zehn Gebote handelt.

Liest man in den *Yoga-Sūtras* jedoch weiter, so wird schnell deutlich, dass die *yamas* nur zu Beginn des Yogaweges als Gebote zu verstehen sind. *Patañjali* zeigt die Ethik des Yoga als Übungsweg. Die fünf *yamas* beschreiben fünf Übungen für ein gutes Handeln.

Wie kann man sich nun eine Übungsethik vorstellen? Es ist leicht, auf der Yogamatte einzusehen, dass es gut ist, niemanden zu verletzen, immer wahrhaftig zu sein oder niemandem etwas wegzunehmen. Solange man nach dem Verlassen der Matte nur freundlichen Menschen begegnet, wird auch alles gutgehen. Was geschieht jedoch, wenn der Nachbar vollkommen ungerechtfertigt ausfallend wird und ich mit dem Aufsteigen der Wut den ganz konkreten Drang verspüre, zumindest verbal zurückzuschlagen? Entschuldigungen für Ausnahmen sind schnell gefunden, aus diesem oder aus einem anderen Grund der ursprünglichen Einsicht nicht zu folgen.

Zu Beginn des Weges kann so ein Versprechen eine wichtige Hilfe bilden. *Patañjali* spricht in dieser Weise von den fünf *yamas* als *mahāvrata*, das heißt von ‚großen Gelübden'. Die Chance, dass das, was man in ruhigen Zeiten eingesehen hat, auch im Sturm des Alltags eingehalten wird, kann wesentlich erhöht werden, wenn die Gebote als Gelübde unabhängig von Herkunft, Ort, Zeitpunkt und Situation zu gelten haben.

Ein guter Anfang ist gemacht, auf den dann die Übung aufbauen kann. Als zentrales Übungsprinzip nennt *Patañjali* den Sanskritbegriff *pratipakṣa-bhāvana*, wörtlich zu übersetzen mit ‚Sich-auf-das-Gegenteil-Ausrichten'. Die Übung wird in der konkreten Handlungssituation angewendet, und zwar dann, wenn der innere Drang verspürt wird, gegen eines der fünf Gebote verstoßen zu müssen. Die Übung beginnt damit, diesen Drang bewusst wahrzunehmen, um dann einen Gegenimpuls zu setzen.

Das ‚Sich-auf-das-Gegenteil-Ausrichten' bildet allerdings nur den zunächst mit dem Willen gesetzten Beginn einer tiefgreifenden, geistigen Umkehr. Im nächsten Schritt geht es um ein Lauschen nach innen, um die Achtsamkeit für die Stimme aus der inneren Mitte. Das Übel ist an seiner Wurzel anzupacken. Yogische Ethik will eine Geisteshaltung kultivieren, aus der heraus der Mensch auch ohne Aussicht auf Belohnung und ohne Angst vor Bestrafung gut handelt. Gutes Handeln geschieht dann aus einer inneren Stärke heraus, gleichsam wie von alleine aus der inneren Mitte der Wesensidentität. Welche unwahrscheinlichen Dinge dann möglich werden, dies zeigt *Patañjali* für jedes der fünf *yamas* einzeln auf.

Als erste Übung ist *ahiṃsā* genannt, mit ‚Nichtverletzen' oder ‚Gewaltlosigkeit' zu übersetzen. Als Gebot gebietet *ahiṃsā* zu Beginn des Yogaweges Menschen, und auch alle anderen Lebewesen, körperlich nicht zu verletzen. Es geht allerdings auch darum, weder mit Worten noch mit Gedanken irgendeine Gewalt auszuüben. Die Hochschätzung vegetarischer Ernährung in yogischen Kreisen ist unter anderem auch auf dieses erste Gebot zurückzuführen.

Immer wieder wurde darüber diskutiert, ob der Mensch hiermit nicht überfordert sei. Manche meinen, dass Nichtverletzen in letzter Konsequenz nie möglich ist, wenn zum Beispiel Kleinstlebewesen im Alltagsleben getötet werden. Andere gehen davon aus, dass allein schon die Intention des Nichtverletzens ausreicht.

Ahiṃsā als yogischer Übung geht es dagegen nicht um das Minimieren verletzender Handlungen. Die Übung besteht darin, im Moment des Drangs nach Gewalt den Blick nach innen zu richten und so Zorn, Wut oder Gier bewusst wahrzunehmen. Genau hier gilt es, sich auf das Gegenteil auszurichten. Dem Drang zu verletzen ist der Impuls der Gewaltlosigkeit entgegenzusetzen.

Mit Sicherheit sind die Knoten innerer Bindung nicht durch fünf Minuten Übungspraxis aufzulösen. Die Übung von *ahiṃsa* benötigt Zeit wie jede andere Yogaübung auch, um dann aus der Tiefe heraus nach und nach eine friedvolle Geisteshaltung zu kultivieren.

Die von *Patañjali* beschriebene Perspektive erscheint verlockend. Die *Yoga-Sūtras* formulieren, dass in der Nähe dessen, der aus der Geisteshaltung des Nichtverletzens lebt, jegliche Feindschaft schwindet. *Vyāsa* macht in seinem Kommentar darauf aufmerksam, dass so nicht nur dem *Yogī* keine Feindseligkeit mehr entgegengebracht werde. Bei allen Menschen in der Umgebung würde Feindschaft schwinden. Andere malen das Bild weiter aus, indem sie sich den im Wald lebenden *Yogī* vorstellen, der von den dort lebenden wilden Tieren nicht mehr behelligt wird und dass selbst Mungo und Kobra ihre natürliche Feindseligkeit aufgeben.

Für den heutigen Yoga ist es weit hilfreicher, sich nicht nur an solchen Wundergeschichten zu erfreuen, sondern den Blick auch auf die eigene Erfahrung zu richten. Jeder kennt das Phänomen, dass Gewalt Gegengewalt provoziert, die wieder neue Gewalt hervorruft. *Patañjali* zeigt, dass es auch genau umgekehrt gehen kann. Wer aus der Haltung inneren Friedens lebt, muss auf Gewalt nicht mit Zorn oder Ärger reagieren. Es ist konkret zu erfahren, dass durch die eigene friedvolle Haltung auch beim potentiellen Gegner die Feindschaft schwinden kann. Wem jedoch keine Feindschaft begegnet, welchen Grund sollte derjenige noch haben, Gewalt auszuüben? Die Notwendigkeit von *ahiṃsā* als Gebot hat sich aufgelöst.

Die zweite ethische Übung *satya* ist wörtlich mit ‚Wahrheit' zu übersetzen. Oft wird auch von *satyagraha* als ‚die Wahrheit ergreifen' gesprochen. *Satya* ruft zunächst dazu auf, nicht zu lügen, oder positiv formuliert, immer die Wahrheit zu sagen. Als Gebot zeigt sich das Befolgen von *satyagraha* jedoch nicht immer als unproblematisch. So kann das Aussprechen der Wahrheit dazu führen, dass andere gerade hierdurch verletzt werden. Manchmal erscheint es als hilfreich, das Gebot abzuschwächen und lieber zu schweigen und so wenigstens nicht zu lügen.

Hat sich die yogische Ethik zum Übungsweg weiterentwickelt, spielen solche Fragen keine Rolle mehr. Nun geht es nicht mehr darum, Gebote in möglichst großem Umfang zu befolgen, sondern aus einer neuen Geisteshaltung heraus zu handeln. Es geht nicht mehr um Wahrheit, sondern um Wahrhaftigkeit. Die Übung besteht darin, dem inneren Drang, nicht der Wahrheit zu folgen, nachzuspüren und von dort aus einen Impuls zur Wahrhaftigkeit zu setzen.

Wer dann von innen heraus in Wahrhaftigkeit fest gegründet ist, dessen Taten tragen, nach den Worten *Patañjalis*, Früchte. Es herrscht eine tiefe Übereinstimmung zwischen

Sagen, Tun und der Wahrheit. Die Vorgaben eines Gebotes werden überflüssig.

Als dritte Übung ist *asteya*, das Nichtstehlen, genannt. Nichtstehlen verbietet etwas zu nehmen, was einem nicht gehört. Auch hier geht es darum, eine Haltung zu üben, in der grundsätzlich das Bedürfnis schwindet, anderen etwas wegzunehmen. Wem es so nach langer Praxis möglich ist, das Nichtstehlen zur Lebensgrundlage zu haben, dem sollen nach *Patañjal*i alle Schätze zuströmen.

Manche glaubten nach der Lektüre des entsprechenden *Sūtras*, dass man durch konsequentes Nichts-Stehlen vergrabene Schätze finden werde. Solche Interpretationen machen deutlich, wie schwer es ist, nicht in den Kategorien von Belohnung und Bestrafung zu denken. *Patañjali* zielt eher auf ein Phänomen, das mit dem Sprichwort vom dümmsten Bauern zum Ausdruck gebracht wird, der die größten Kartoffeln erntet. Mit dem dümmsten Bauern ist ein Mensch gemeint, der keine besonders intelligenten Strategien anwendet, um seine Ernte zu steigern. Vielleicht kennzeichnet ihn sogar nicht einmal eine besondere Absicht. Es ist das Phänomen beschrieben, dass man, solange man etwas haben will, dies gerade durch das Habenwollen nicht erreicht. Erst wenn keine Absicht mehr verfolgt wird, kann plötzlich das Entscheidende geschenkt werden. *Asteya* übt genau diese Geisteshaltung, in der sich das Habenwollen auflöst. Der *Yogī* wird nicht nur zu einem ‚dummen Bauern', sondern zu einem ‚Hans im Glück', dem alle Schätze wie von alleine zuströmen. Das Gebot, nicht zu stehlen, hat sich erübrigt.

Im Unterschied zu diesen ersten drei Übungen, die heute allgemeine Zustimmung erfahren, treten bei den *yamas* vier und fünf immer wieder Schwierigkeiten auf. Zu sehr weichen sie von dem ab, was in der westlichen, aber auch in der moderne Kultur Indiens heute als gut und richtig angesehen wird. Werden sie jedoch nicht als Gebote, sondern als Übung einer Geisteshaltung gesehen, so können sich auch die letzten beiden *yamas* als äußerst hilfreich erweisen.

Brahmacarya kann zwar wörtlich mit ‚göttlichem Lebenswandel' übersetzt werden. Der Begriff wurde jedoch traditionell immer als Gebot ‚sexueller Enthaltsamkeit' verstanden. Bis auf wenige Ausnahmen war es im hinduistischen Kulturkreis von Anfang an selbstverständlich, dass ein auf Gott ausgerichtetes Leben nur durch sexuelle Entsagung möglich ist. Man kann sich bis heute im traditionellen Indien ein Leben aus Gott kaum anders vorstellen als in sexueller Askese. Erst der zölibatär lebende *Yogī* hat sich vom Schmutz der Materie gelöst und wird so als Wächter des reinen Göttlichen in dieser Welt verehrt. Auf religiösen Festen kann man bis heute in Indien Asketen mit abgebundenem Penis ‚bewundern', die so ihre Ausrichtung auf das Göttliche öffentlich zur Schau stellen.

Dagegen versuchen manche moderne *Yogīs* das traditionelle Gebot abzuschwächen und sprechen nur noch von der Notwendigkeit einer Mäßigung beim Sex. Einige westliche *Yogīs* können sogar darüber diskutieren, ob man noch *brahmacarya* übt, wenn man nicht mit mehreren Partnerinnen/Partnern gleichzeitig Sex praktiziert oder dem Grundsatz folgt, Sex mit einer Schülerin nie während, sondern immer nur nach dem Yogaunterricht zu haben. Welcher Interpretation auch gefolgt wird, immer bewegt man sich noch auf der Ebene des Gebotes, das auf der einen Seite bis hin zur Unterdrückung der eigenen Sexualität konsequent zu befolgen ist oder auf der anderen Seite durch laxe Handhabung aufgeweicht wird.

Dass es im Sinne des Yogaweges um etwas ganz anderes geht, macht *Patañjali* deutlich, wenn er betont, dass durch echtes *brahmacarya* große Kraft entsteht. Traditionelle Interpreten gehen davon aus, dass durch sexuelle Enthaltsamkeit die sexueller Energie verfeinert und so in spirituelle Energie umgewandelt werde.

Die als Übung einer inneren Haltung verstandene yogische Ethik intendiert jedoch kein äußeres Entsagen, sondern will einen inneren Befreiungsprozess. Die große Kraft, von der *Patañjali* spricht, entsteht nicht durch äußere Entsagung, sondern durch das Auflösen der inneren, sexuellen Gier. Wer keinen Sex hat, praktiziert somit noch lange nicht *brahmacarya* im Sinn der Übung einer Geisteshaltung. Erst wer die Übung auf die Auflösung der sexuellen Getriebenheit ausrichtet, hat ihren Sinn verstanden.

Wenn es um den Prozess einer inneren Befreiung von der Gier nach Sex geht, wendet sich *brahmacarya* vielleicht sogar nicht einmal gegen die Freude an Sexualität, sondern könnte zu ihrer Intensivierung führen. In jedem Fall geht es um ein Üben, das auf die Veränderung der Haltung abzielt, in der sich die inneren Bindung an Sex löst und eine neue Stärke entsteht.

Durch die wörtliche Übersetzung mit ‚Nichtbesitzergreifen' wird *aparigraha* als das fünfte und letzte *yama* oft als Besitzlosigkeit oder als Armutsgelübde gedeutet. Traditionell ist auch das Gebot gemeint, für den Yogaunterricht kein Geld zu verlangen und nur Spenden annehmen zu dürfen. Die Geldspende wurde dann, meist noch in einem Umschlag versteckt, nicht dem Yogalehrer persönlich gegeben, sondern nach dem Unterricht vor den hauseigenen Opferaltar gelegt. Als dann moderne *Yogīs* begannen, für ihren Unterricht feste Honorare zu verlangen, argumentierten Traditionalisten gegen diese Praxis mit dem Verweis auf das Gebot von *aparigraha* in den *Yoga-Sūtras*.

Als geistige Übungspraxis geht es beim Nichtbesitzergreifen allerdings nicht darum, für den Unterricht kein Geld zu nehmen. Nahezu jeder Mensch muss heute Geld verdienen, um seinen Lebensunterhalt zu bestreiten. Der moderne Vermieter wird sich nicht mit der Entschuldigung zufrieden geben, dass die Schüler dieses Mal leider zu wenig gespendet haben und deswegen die Miete nicht gezahlt werden könne. Diese äußere Abhängigkeit von Geld ist allerdings nicht Gegenstand der Übung. *Aparigraha* arbeitet an der Auflösung der inneren Bindung an Geld und Besitz. Die innere Abhängigkeit zeigt sich heute oft schon in dem Glauben, mehr wert zu sein, wenn man mehr Geld verdient. In ihrem Extrem kann die Bindung an Geld und Besitz sogar zu Bestechlichkeit und Käuflichkeit führen.

Die Übung der inneren Loslösung bedeutet somit nicht nur ein Auflösen der Abhängigkeit von all den Dingen, die man besitzen möchte. Letztlich zielt die Übung auch auf die Loslösung von dem heute als Ego bezeichneten Alltagsbewusstsein. Erst wenn dies klar wird, ist zu verstehen, warum durch die Haltung von *aparigraha* nach *Patañjali* die Bewusstheit für das ‚Wie' der Wiedergeburten entsteht. Das ‚Wie' der Wiedergeburt liegt in der Abhängigkeit vom Ego, das sich über Besitz, Wohlstand und Geld definiert. Nach hinduistischem Glauben wird der Mensch durch diese Abhängigkeit sogar von einer Geburt zur nächsten getrieben, um immer wieder an seiner Identifikation mit den vergänglichen Dingen dieser Welt zu scheitern. Die Haltung des Nichtbesitzergreifens bedeutet die Lösung dieser Abhängigkeit, um so für das wahre Selbst wach zu werden, durch das bewusstwird, was wirklich im Leben zählt.

Wie die äußere Schale einer Frucht das innere Fruchtfleisch schützt und der ganzen Frucht Halt verleiht, so geben die *yamas* als Gebote zu Beginn des Weges Halt und Sicherheit. Das Entscheidende einer Frucht ist jedoch das Fruchtfleisch. *Patañjali* weist so in dem ersten Glied des achtgliedrigen Übungsweges den Weg zur Förderung des ‚Fruchtfleisch-Yogī', der nicht mehr im Befolgen vorgegebener Gebote gut handelt, sondern aus der inneren Haltung der Bewusstheit für das Gute lebt.

Übung

Beginnen Sie die Übungspraxis yogischer Ethik mit dem Auswendiglernen der fünf yamas. Wählen Sie dann ein yama aus, das Sie in Ihrer gegenwärtigen Lebenssituation als besonders hilfreich ansehen. Üben Sie mit diesem yama über einen längeren Zeitraum. Die Übung kann in folgenden vier Schritten erfolgen:

1. Das Versprechen, das Gebot einzuhalten

- *Setzen Sie sich den festen Vorsatz, das ausgewählte Gebot zu beachten.*

2. Wahrnehmung des falschen Handelns

- *Sie werden immer wieder Situationen erfahren, in welchen Sie Ihre Gebundenheit spüren, die sich gegen das Einhalten des Gebotes wehrt. Nehmen Sie bewusst diesen Drang zu Gewalt, Falschheit, Stehlen, sexueller Getriebenheit oder das Besitzenwollen von Geld und materiellem Wohlstand wahr.*

3. Einen bewussten Willensimpuls setzten

- *Praktizieren Sie nun pratipakṣa-bhāvana, indem Sie sich immer wieder innerlich auf das Gegenteil ausrichten.*

4. Kultivieren einer neuen, inneren Haltung

- *Kultivieren Sie so mit der Zeit eine innere Haltung von Gewaltfreiheit, Wahrhaftigkeit, Nichtstehlen, Freiheit von sexueller Gier oder von Freiheit von der Gier nach Besitz.*

Erst nachdem Sie erste Erfolge in der Übungspraxis erfahren, sollten Sie nach und nach auch das Üben mit den anderen yamas integrieren. Achten Sie darauf, wie das Befolgen der fünf yamas immer weniger wichtig wird, wenn

- *allmählich die Feindschaft in Ihrer Nähe schwindet,*
- *Ihre Taten Früchte tragen,*
- *Ihnen alle Schätze von alleine zukommen,*
- *Ihr Leben von einer neuen Kraft getragen ist*
- *oder Sie sich dessen immer mehr bewusstwerden, was wirklich in diesem Leben zählt.*

Jede neue Schwierigkeit bietet eine Gelegenheit zur Übung und damit zu wachsen. Das Üben mit den yamas kann so durchaus auch bedeuten, sich auf die nächste Versuchung freuen zu können, die Ihnen mit Sicherheit schon bald begegnen wird.

9. Übungen für die gute Yogapraxis

Sūtra II.32:

śauca - saṃtoṣa - tapaḥ - svādhyāya-
Reinheit Zufriedenheit Askese eigenes Studium

īśvarapraṇidhānāni niyamāḥ
Hingabe an Gott besondere Gebote

Reinheit, Zufriedenheit, Askese, eigenes Studium und Hingabe an Gott,
dies sind die besonderen Gebote für die gute Yogapraxis.

Mit den *yamas* hatte *Patañjali* den Übungsweg vom Befolgen der ethischen Gebote zur Kultivierung einer inneren Haltung guten Handelns aufgezeigt. Parallel folgen mit dem zweiten Glied des achtgliedrigen Pfades die *niyamas*, die ‚besonderen Gebote'. Im Unterschied zur allgemeinen Ethik der *yamas* kommt jetzt die persönliche Ethik des *Yogī* in den Blick. Mit insgesamt fünf *niyamas* ist in *Sūtra* II.32 umrissen, worauf sich die gute Yogapraxis ausrichten sollte. Drei der hier genannten besonderen Gebote sind schon aus *Sūtra* II.1 bekannt: Askese, eigenes Studium und Hingabe an Gott (siehe Lektion 6). Sie werden nun durch Reinheit und Zufriedenheit erweitert, so dass, entsprechend den fünf ethischen Geboten, nun auch fünf Grundregeln der Yogapraxis benannt sind.

Auch hier handelt es sich nur zu Beginn des Weges um zu befolgende Regeln. Als Regel können die *niyamas* den Einstieg in die Übungspraxis erleichtern. Ihr ursprünglicher Sinn wird jedoch erst dann verwirklicht, wenn die *niyamas* nicht mehr nur als Regel befolgt, sondern zur Übung einer neuen Geisteshaltung weiterentwickelt werden.

Die erste Regel *śauca* kann mit ‚Reinheit' übersetzt werden. In seinem Kommentar betont *Vyāsa*, dass hier zunächst eine äußere Reinheit des Körpers, dann aber auch eine geistige Reinheit zu fördern ist. So gehörte in alten Zeiten das Bad im Fluss zur Vorbereitung für das gute Üben. Die Dusche hat in der modernen Gesellschaft diese vorbereitende Reinigung ersetzt. Zur äußeren Reinheit zählen auch die saubere Kleidung, der aufgeräumte Übungsplatz oder eine reine Ernährung, die Körper und Geist nicht belastet.

Um geistige Reinheit zu erreichen, ist ein entscheidender, weiterer Schritt zu vollziehen. Hierbei stößt man jedoch auf eine erhebliche Schwierigkeit, wenn *Sūtra* II.40 zur ‚Abneigung gegenüber dem eigenen Körper und dem Kontakt mit anderen Körpern' auffordert. Der Sanskrittext verwendet das Wort *jugupsā*, das durchaus zutreffend mit ‚Abneigung' oder sogar mit ‚Ekel' übersetzt werden kann. Macht sich *Patañjali* hier zum Fürsprecher einer Körperfeindlichkeit, wie sie tatsächlich im traditionellen Indien immer wieder zu finden ist?

Manche übersetzen *jugupsā* mit ‚Distanzierung vom Körper' oder ‚vornehmer Distanz gegenüber dem eigenen Leib'. Das *Sūtra* klingt so für westliche Ohren zwar verträglicher, entspricht dann aber nicht mehr der eigentlichen Bedeutung des Sanskritbegriffes *jugupsā*. Wichtig ist, die Rede von der Abneigung gegenüber dem eigenen Körper nicht aus dem

Zusammenhang zu reißen. Liest man auch die folgenden *Sūtras*, so wird deutlich, dass Abneigung nicht das Ziel meint. Die Abneigung gegenüber dem Körper bildet nur den ersten Schritt auf dem Übungsweg, der letztlich auf eine innere, geistige Reinigung abzielt.

Im Allgemeinen geht man davon aus, dass ein schöner Körper den Wert des Menschen erhöht. Hässlichkeit macht dagegen bedeutungslos. Viele bemühen sich heute, ihren Bauch auf Linie zu bringen, um den gegenwärtigen Schönheitsidealen zu entsprechen. Viel Geld wird für Kleidung, Kosmetika oder Schönheitsoperationen ausgegeben, um den eigenen Marktwert zu erhöhen. Vielleicht lässt sich *Patañjali* in einem solchen Zusammenhang hilfreich anwenden. Die ‚Abneigung gegenüber dem Körper' könnte dann genau zu der Triebkraft werden, aus der heraus man lernt, sich nicht mehr ausschließlich durch körperliche Schönheit zu definieren.

Die Übung wendet sich dann nicht gegen den Körper, sondern gegen den unreinen, das heißt gebundenen Geist. *Patañjali* fordert nicht zur Abneigung auf, sondern zur Reinigung, das heißt zur Lösung der inneren Bindung. Was dann entsteht, wird als das Aufbrechen ‚innerer Heiterkeit' und zuletzt auch als ‚Schau des wahren Selbst' beschrieben. Die Ausrichtung der Yogapraxis auf Reinheit beginnt mit der körperlichen Reinigung. Letztlich geht es jedoch um eine geistige Reinheit. Erst durch sie kann bewusstwerden, was wahres Menschsein und authentisches Leben aus dem Selbst ausmachen.

Saṃtoṣa als die zweite Grundregel der Yogapraxis meint ‚Zufriedenheit' oder auch ‚innere Ruhe'. Normalerweise entwickelt sich Zufriedenheit, wenn man das bekommt, was man sich wünscht, und wenn das, was man nicht mag oder gar hasst, ferngehalten werden kann. Schönes Wetter im Urlaub macht zufrieden, während ein verregneter Sommer die meisten nur ärgert. Wenn jedoch von morgens bis abends, und dies jeden Tag, nur noch die Sonne scheint, wird man sich nach einiger Zeit wohl nach dem kühlenden Regen sehnen.

Schon Wilhelm Busch dichtete: ‚Ein jeder Wunsch, wenn er erfüllt, kriegt augenblicklich Junge.' Die Befriedigung der Wünsche macht zwar zunächst zufrieden. Es wird jedoch immer nur eine zeitlich begrenzte Zufriedenheit erreicht, da bald neue Bedürfnisse entstehen. Wenn die Körperübung als Akrobatik verstanden wird und ein staunendes Publikum dem stolzen Yogaathleten für seine Verrenkungskunst Anerkennung zollt, mag so durchaus zunächst Zufriedenheit aufkommen. Bald wird sie jedoch auch wieder vergangen sein.

So deutet der Kommentator *Vyāsa* auf eine ganz andere Zufriedenheit, die nicht nur alles irdische Glück, sondern auch höchste himmlische Freude übersteigt. Sie entsteht dann, wenn der Durst nach äußerem Glück schwindet. In diesem Sinn wird das ‚unübertreffliche Glück', von dem *Patañjali* jetzt spricht, gerade nicht durch die Erfüllung von Wünschen realisiert, sondern durch die Auflösung der Bindung an das Wünschen. Erst wenn man wunschlos glücklich ist, kann das Bewusstsein für den ursprünglichen Sinn von *saṃtoṣa* entstehen.

Die dritte Grundregel *tapas* bedeutet ‚Askese'. Allgemein versteht man unter *tapas* die Übung der Entsagung von

Nahrung, Sexualität, Wohlstand, Anerkennung oder Schlaf. Wird man nun dazu aufgefordert, es den hinduistischen Asketen gleichzutun, die in den Höhlen des *Himālaya* oder an den Ufern des Ganges allem Weltlichen entsagen? Tatsächlich beginnt *tapas* mit Entsagung. Die Übung kann so mit dem Verzicht auf die liebgewonnenen Süßigkeiten oder den Espresso nach dem Essen ihren Anfang nehmen. Dabei wendet sich niemand gegen Schokolade oder italienische Kaffeekunst. Wo der Mensch abhängig ist, und wie er abhängig ist, dies wird oft erst dann bemerkt, wenn man dem einen oder anderen einmal eine Zeitlang entsagt hat. Wichtig ist, die Bewusstheit für die inneren Bindungen zu schulen, um so an ihrer Auflösung arbeiten zu können.

Und was soll hierbei erreicht werden? *Patañjali* spricht von *kāya-indriya-siddhi*, von der ‚Vollkommenheit von Körper und Sinnen'. Wird Askese zum Prozess einer inneren Befreiung, richtet sie sich nicht gegen Körper und Sinne, sondern führt zu ihrer Vervollkommnung. Ohne Abhängigkeit genießt man nur noch die Dinge in Achtsamkeit, die wirklich gut tun. Aus der anfänglichen Entsagung entwickelt sich wirkliche Freude an Körper und Sinnlichkeit.

Die vierte Grundregel *svādhyāya* ist wörtlich mit ‚eigenem Studium' zu übersetzen. Der moderne *Yogī* interpretiert *svādhyāya* meist als Selbststudium im Sinne der kritischen Selbstbeobachtung, um so zu erkennen, wo man selbst auf dem Yogaweg steht. Wie schon erläutert, versteht die traditionelle hinduistische Kultur unter *svādhyāya* dagegen die Praxis der Rezitation und das eigene Studium der heiligen

Texte. Schriftlich fixierte Texte, wie man sie heute benutzt, spielten in der Tradition eine nur untergeordnete Rolle. Das Studium begann für jeden Schüler mit dem oft Jahre dauernden Auswendiglernen der Texte.

Als Übung für eine gute Yogapraxis richtet *Patañjali* dann das Selbststudium auf das Studium der spezifisch eigenen Lehren aus. Gemeint sind die Lehren, die von der eigenen Gottheit handeln. Schon nach traditioneller hinduistischer Auffassung wendet sich jeder Gläubige nicht an irgendeinen Gott, sondern an seine *iṣṭa-devatā*, an seine individuell ‚gewählte Gottheit'. Der Shivait studiert in diesem Sinn seine shivaitischen Texte, wie der Vishnuit sich die Texte des Vishnuismus erarbeitet. *Patañjali* denkt durchaus in diesem hinduistischen Kontext. Als *Yogī* weist er dann jedoch weit über dieses religiöse Denken hinaus.

Während der Hindu seine gewählt Gottheit in jenseitigen, himmlischen Welten sucht, blickt der *Yogī* nach innen. Was mit dem Studium der Texte und Lehren begann, wandelt sich im Yoga zur Übung der Bewusstseinsschulung. Selbststudium im yogischen Sinn meint die Ausrichtung des Studiums auf ein Üben, das auf die Erfahrung des Göttlichen in der Tiefe der eigenen Existenz ausgerichtet ist. *Patañjali s*pricht so von der ‚Vereinigung' (*saṃprayoga*) mit der gewählten Gottheit. Die Perspektive des Selbststudiums liegt in dem Weg nach innen, um dort die Vereinigung mit einer höheren Kraft zu erfahren, die über alles eigene Vermögen hinausgeht.

Die Verwendung religiöser Sprache, wie sie beim Selbststudium als Ausrichtung auf die gewählte Gottheit zu finden ist, erfährt dann beim fünften *niyama* eine noch größere Betonung. Zum dritten Mal in den *Yoga-Sūtras* spricht *Patañjali* hier von *īśvarapraṇidhāna*, von der ‚Hingabe an Gott'. Jetzt wird die Hingabe an den *īśvara* genannten persönlichen Gott sogar zum Leitprinzip des Yoga gemacht.

Wiederum ist es notwendig, sich zu vergegenwärtigen, dass es sich bei den *niyamas* nur zu Beginn um Grundregeln handelt. So ist auch nur zu Beginn des Weges die Hingabe an Gott im religiösen Sinn zu verstehen, wenn zum Beispiel Yogaschüler in Indien am Anfang einer Yogastunde ein kurzes Gebet sprechen, um ihre gewählte Gottheit um Schutz und Beistand für die Yogapraxis zu bitten. *Patañjali* selbst kann in dieser Weise sogar als göttliche Gestalt angerufen werden.

Aber auch hier besteht die Übung genau darin, den Blick von außen nach innen zu richten. Die Hingabe an Gott wandelt sich so von der Hingabe an eine außerhalb des Menschen vorgestellte Gottheit zur Kultivierung einer grundsätzlichen Haltung der Hingabe und des Vertrauens. Die Wirkung einer Yogaübung wird keineswegs nur durch die Anwendung einer Technik hervorgebracht. Ohne eine grundlegende Haltung der Hingabe wird sich jeder Yogaübende schwertun. In alten Zeiten war es sogar üblich, zunächst den Glauben und das Vertrauen des Schülers zu prüfen, bevor der Meister ihn zu seinem Unterricht zuließ.

Das Vertrauen in die Praxis kann durchaus als ein Schlüsselfaktor für den Erfolg des Übens gesehen werden. Das Vertrauen bestimmt, wie stark oder ob überhaupt eine

Übung wirkt. Wirkungen entstehen im Yoga so weniger nach dem Prinzip ‚Ich mache dies' und ‚dann geschieht das'. Die Wirkung einer Übung wird weniger gemacht. Sie wird zugelassen. Erst durch die Hingabe in der Praxis kann eine Yogatechnik ihr volles Potential entfalten.

Wenn es sich beim Yoga nicht nur um eine Übungspraxis, sondern auch um einen Lebensweg handelt, ist die Bedeutung der Hingabe sogar noch umfassender einzuschätzen. Es geht um die Kultivierung einer grundsätzlichen Haltung des Vertrauens in das Leben, die weit über das hinausgeht, was persönlich aus eigener Kraft hergestellt werden kann. Mit Askese (*tapas*) war die Übung noch auf die ‚Vollkommenheit von Körper und Sinnen' ausgerichtet. Jetzt spricht *Patañjali* sogar von *samādhi-siddhi*, von der ‚Vollkommenheit der Einung'. Die große Perspektive der Übungspraxis des Yoga kommt in den Blick: die Vollkommenheit der Einung mit dem Göttlichen, ein Leben aus dem tiefsten Grund der eigenen Wesensidentität.

Übung

Das Üben mit den fünf niyamas kann jeden Übungsweg des Yoga begleiten und intensivieren. Es empfiehlt sich, mit dem niyama zu beginnen, das Sie am meisten anspricht.

1.Reinheit (śauca)

- *Achten Sie zu Beginn der Übungspraxis auf die äußere Reinheit und Ordnung des Körpers, der Kleidung und auch des Übungsplatzes.*
- *Versuchen Sie dann auch eine innere Reinheit zu kultivieren, die entsteht, wenn sich Nachlässigkeit oder Getriebenheit auflösen. Erst durch die Kultivierung dieser inneren Reinheit kann die Bewusstheit für das entstehen, was uns wirklich ausmacht. Patañjali nennt dies ‚Schau des Selbst'.*

2. Zufriedenheit (saṃtoṣa)

- *Fördern Sie zunächst Ihre äußere Zufriedenheit, indem Sie sich Ihre Wünsche, soweit es geht, erfüllen.*
    - *Was geschieht, wenn ein Wunsch erfüllt ist?*
    - *Wo taucht der nächste Wunsch auf?*
- *Machen Sie sich dann auch bewusst, wie wichtig es ist, dass sich mit der Zeit die Bindungen an Ihre Wünsche auflösen.*
  Spüren Sie die innere Zufriedenheit, wenn es Ihnen gelingt, wunschlos glücklich zu sein. Patañjali spricht hier vom ‚unübertrefflichen Glück'.

3. Askese (tapas)

- *Üben Sie zunächst Entsagung nur von einem sinnlichen Ding, von welchem Sie erfahren, dass Sie an es gebunden sind. Werden Sie sich ganz konkret Ihrer Muster und inneren Abhängigkeit bewusst.*
- *Arbeiten Sie dann daran, die Abhängigkeitsmuster und inneren Bindungen aufzulösen. Lassen Sie so eine andere Qualität der inneren Askese entstehen, in der Sie im bewussten Leben die sinnlichen Dinge intensiver genießen können. Vielleicht können Sie so sogar das erahnen, was Patañjali mit der ‚Vollkommenheit von Körper und Sinnen' meint.*

4. Eigenes Studium (svādhyāya)

- *Beschäftigen Sie sich zunächst mit den Texten der Yoga-philosophie, die Sie für Ihren Weg als hilfreich ansehen.*
- *Richten Sie sich dann darauf aus, das Gelesene nicht nur zu verstehen, sondern sich auch davon berühren zu lassen. Wenn Sie die spirituelle Philosophie aus tiefstem Herzen heraus leben, kann das deutlich werden, was Patañjali mit der ‚Vereinigung mit der gewählten Gottheit' andeutet.*

5. Hingabe an Gott (īśvarapraṇidhāna)

- *Gehen Sie zunächst auf die Suche nach der Macht, auf die Sie letztlich vertrauen können. Wenn Sie fündig werden, spüren Sie die Erfahrung der Hingabe.*
- *Lösen Sie sich dann von jeder Hingabe an eine äußere Macht und kultivieren Sie die Haltung einer inneren Hingabe. Wenn Hingabe zu einer grundlegenden Lebenshaltung wird, kann das aufscheinen, was Patañjali als ‚Vollkommenheit der Einung' bezeichnet.*

10. Übung der Sitzhaltung

Sūtra II.46:
sthira - sukham āsanam
stabil glücklich Sitzhaltung

Die Sitzhaltung soll stabil und glücklich sein.

Wenn *Patañjali* als drittes Glied *āsana* nennt, so scheint es zunächst auf der Hand zu liegen, dass nun die Körperübungen beschrieben werden, die man heute allgemein mit Yoga identifiziert. Wer in den Text hineinschaut, muss allerdings feststellen, dass mit den *Sūtras* II.46-48 nur insgesamt drei *Sūtras* dem Thema *āsana* gewidmet sind. In ihnen, und auch nirgendwo anders, findet sich auch nur eine einzige Körperübung beschrieben. Darüber hinaus spricht *Patañjali* nur von *āsana* (Singular) und nicht von *āsanas* (Plural). Wie ist dies alles zu erklären?

Um zu verstehen, was *Patañjali* mit *āsana* meint, erweist es sich als hilfreich, sich den großen Bedeutungswandel zu vergegenwärtigen, den der Sankrit-Begriff *āsana* im Laufe der Geschichte vollzogen hat. Ursprünglich verstand man unter *āsana* den ‚Sitz', auf den sich der *Yogī* zur Meditation niederlässt, der nicht zu hoch und nicht zu niedrig, der sauber und fest sein sollte. Wenn *Patañjali* in *Sūtra* II.46 formuliert, dass das *āsana* stabil und glücklich sein soll, kann hier allerdings schon nicht mehr von einem Sitz die Rede sein. Ein stabiles Sitzkissen kann man sich vorstellen, ein glückliches wohl kaum. *Patañjali* vollzieht einen ersten Begriffswandel von *āsana* vom ‚Sitz', auf den man sich setzt, zur ‚Sitzhaltung' mit der der Übende auf diesem Sitz sitzt. Das *āsana* im Sinn von Sitzhaltung kann durchaus stabil und auch glücklich eingenommen werden.

Den nächsten Entwicklungsschritt finden wir im Kommentar des *Vyāsa*, der schon wenige Jahrhunderte nach der Entstehung der *Yoga-Sūtras* abgefasst wurde. *Vyāsa* zählt zum ersten Mal nicht nur verschiedene Sitzhaltungen auf, wie zum Beispiel den Lotossitz (*padma-āsana*) oder den Heldensitz (*vira-āsana*). Man findet hier das älteste Textzeugnis, in dem auch vom Sitzen abweichende Körperhaltungen, wie der Reiher (*krauñca*) oder der Elefant (*hasti*), genannt werden. Diese Übungen werden in den späteren, klassischen *Haṭha-Yoga*-Texten zwar nicht mehr beschrieben. *Vyāsa* bezeichnet die Übungen auch noch nicht als *āsana*, sondern mit dem Synonym *niṣadana.* Der Begriff *āsana* bleibt somit zu dieser Zeit noch für die reinen Sitzhaltungen reserviert. Eindeutig scheint es sich hier jedoch um Körperhaltungen zu handeln, wie sie, wieder einige Jahrhunderte später, im *Haṭha-Yoga* entwickelt wurden.

Die heute geübten Körperhaltungen des Yoga wurden erst von den *Haṭha-Yogīs* frühestens ab dem 10. Jahrhundert n. Chr. als *āsanas* bezeichnet, wahrscheinlich weil sie sich aus Variationen von Sitzhaltungen entwickelt haben. *Patañjali* kennt somit die *āsanas* als Körperübungen noch nicht. Die *Yoga-Sūtras* können jedoch als eine wichtige Quelle für die spätere Entwicklung der heute so wichtigen Körperpraxis des Yoga gelten. Darüber hinaus ist das, was *Patañjali* zur Übung von *āsana* als der Sitzhaltung sagt, durchaus auch auf die heutigen *āsanas* als Körperhaltungen anzuwenden. Die *Sūtras* zu *āsana* können sogar als wichtige Hilfe zur Vertiefung des Verständnisses des heutigen Yoga dienen.

Von den drei *Sūtras* zu *āsana* sticht als das bekannteste und zugleich wichtigste *Sūtra* II.46 hervor. Es findet sich keine bestimmte Beinhaltung beschrieben, keine Angabe, wo die Arme zu liegen haben, und auch nicht die Aufforderung, dass der Rücken aufrecht gehalten werden soll. Nur zwei allgemeine Prinzipien sind genannt, die Grundsätzliches aussagen. Das *āsana* soll *sthira-sukha*, das heißt auf der einen Seite ‚stabil' (*sthira*) und auf der anderen Seite zugleich ‚glücklich' oder ‚angenehm' (*sukha*) sein.

Es geht um zwei Prinzipien, die sich auf den ersten Blick allerdings zu widersprechen scheinen. Ist es möglich, lange fest zu sitzen und dies gleichzeitig als angenehm zu empfinden? Und umgekehrt: Führt nicht ein angenehmes Sitzen gerade zum Verlust von Stabilität und Festigkeit?

Wichtig ist, sich hier zu vergegenwärtigen: Es geht nicht um den Beginn der Übung, sondern um das Ideal, das durch die Übung gefördert werden soll. Am Anfang kann das lange, bewegungslose (*sthira*) Sitzen durchaus noch anstrengend und mühevoll sein. Dies wird sich jedoch mit der Zeit ändern. Ausdauerndes Üben steigert die Dehnbarkeit und die Kraft des Körpers, so dass es immer besser möglich wird, eine angenehme und entspannte Stabilität des Sitzens zu realisieren.

Erst dann, wenn man lange sitzen kann und trotzdem glücklich (*sukha*) ist, dann wurde *sthira-sukha* erreicht, das heißt gutes Sitzen. Man sitzt in großer Stabilität und ist gleichzeitig glücklich.

Was heißt dies nun für die heutigen Körperübungen des Yoga? Auch hier wird zu Beginn das lange, bewegungslose Halten einer Körperstellung mühevoll sein, bis sich, nach beständigem Üben, mit der Zeit *sthira-sukha* einstellen kann. Die Haltung wird stabil und gleichzeitig entspannt, leicht und glücklich. Wer so *āsana* übt, sei es als Sitzhaltung für die Meditation, als Körperhaltung oder auch in der heute populären Form der mit dem Atem verbundenen Bewegung, der macht alles richtig. Und doch hat er den entscheidenden Schritt noch nicht getan.

Wer in die Tiefe der spirituellen Philosophie von *āsana* vordringen will, der muss auch die beiden folgenden *Sūtras* einbeziehen, aus denen erst klar wird, was in II.46 ursprünglich gemeint ist. *Patañjali* betont in den *Sūtras* II.47-48, dass sich die Anstrengung der Übung verringert, wenn sich der Geist des Übenden auf die innere Unendlichkeit ausrichtet. Dann löst sich die Bindung an die ‚Gegensatzpaare' (*dvandva*) auf. Das Verständnis dieses Gedankens wird sich nicht jedem auf Anhieb erschließen. Aber es lohnt sich, darüber nachzudenken, was *Patañjali* hier gemeint hat.

Ein *āsana* zu üben, bedeutet zunächst Anstrengung, dies gilt für das Einnehmen eines schwierigen Sitzes wie auch für die meisten Körperübungen. Wichtig ist, so lange zu üben, bis man an die Grenze seiner Dehnungsfähigkeit oder das Limit der eigenen Kraft gelangt. Wer besonders dehnungsfähig oder kräftig ist, wird länger brauchen, an die Grenze des Machbaren zu gelangen. Wer mit körperlichen Einschränkungen übt, dem gelingt dies schneller.

An die Grenze gelangt, geschieht die Übung nun wie das Anklopfen an eine innere Türe. Wer sich in der Rumpfvorbeuge bis an die Grenze seiner Möglichkeiten dehnt oder den Held noch mit all seiner eigenen Kraft hält, der betreibt noch Gymnastik. Nur durch das Anklopfen wird die Türe nicht aufgehen, egal ob mit aller Kraft auf sie eingeschlagen wird oder man nur sanft die Türe berührt.

Wichtig ist, den Widerstand zu spüren und in diesem Widerstand sich auf das auszurichten, was *Patañjali* die Ausrichtung auf die innere Unendlichkeit nennt. Erst im Sicheinlassen auf die innere Unendlichkeit besteht die Chance, dass sich die Türe des Yoga öffnet. In diesem inneren Loslassen wandelt sich das Sitzen, wie auch jede Körperpraxis, zum geistigen Prozess der Meditation. Das anfangs noch als Fitnesspraxis geübte *āsana* wird zum *Yoga-āsana.*

Auf dem Weg der Philosophie von *āsana* sind wir nun schon weit gekommen, jedoch keineswegs schon zum Ende gelangt. *Āsana* kann ‚Sitzhaltung' der Meditation oder auch ‚Körperhaltung' meinen. *Patañjali* weist letztendlich aber auf *āsana* als yogische ‚Lebenshaltung'. Das Üben von *āsana* verlässt den Übungsraum und weist hinaus in den Alltag. Die Übung des Sitzens auf dem Kissen und der Körperübungen auf der Matte wird weitergeführt zu einem Sitzen und Ruhen in uns selbst. Eine innere Stabilität beginnt dann zu tragen, in der sich, wie *Patañjali* es ausdrückt, die Bindung an die Gegensatzpaare auflöst. Was sind jedoch die Gegensatzpaare?

Ein Gegensatzpaar hatte *Patañjali* schon selbst genannt: *sthira* und *sukha*, das heißt Stabilität und Glück. Schon hier war kein Entweder-oder, sondern das Zugleich einer stabilen und glücklichen Haltung beschrieben. Aber es geht um mehr. *Vyāsa* nennt das Gegensatzpaar Hitze und Kälte. Andere sprechen von Freude und Leid, Erfolg und Scheitern, Anerkennung und Ablehnung, Liebe und Hass. Und letztlich ist auch von dem höchsten Gegensatzpaar die Rede, das den Menschen herausfordern kann: Leben und Tod. Es sind diese Gegensatzpaare, an die der Mensch in seinem Alltagsbewusstsein gebunden ist, wenn er mit Anstrengung all die Dinge, die auf der positiven Seite der Gegensatzpaare stehen, zu vermehren sucht, um die Dinge auf der negativen Seite zu vermeiden.

In einem Leben aus der Stabilität der inneren Unendlichkeit, wenn der *Yogī* nicht mehr als Spielball seiner inneren Bindung im Getriebe des Alltags hin- und hergerissen wird, beginnt sich die treibende Kraft der Bindung an die Gegensatzpaare aufzulösen. Anstrengung und das Bemühen in der Übung nehmen ab, Blockaden lösen sich auf, Verkrampfungen und Verspannungen schwinden. Unruhe und Getriebenheit kommen zur Ruhe. Sowohl Körper als auch Geist werden durchlässig für das Leben aus einer inneren Balance.

Es gilt nicht mehr Freude, Anerkennung oder Erfolg nachzujagen, um letztlich doch an der Vergänglichkeit all dieser Dinge scheitern zu müssen. Wenn die innere Kraft des

Unendlichen erwacht, bilden Stabilität (*sthira*) und Glück (*sukha*) auch im Leben keine sich ausschließenden Gegensatzpaare mehr. Es wird möglich, eine innere Stabilität zu erfahren, in der ein Glück aufbricht, das von äußerer Freude, Anerkennung und Erfolg nicht mehr abhängig ist.

Patañjali widmet seiner Philosophie von *āsana*, die den Weg von der Sitzhaltung zur Lebenshaltung aufzeigt, insgesamt nur drei *Sūtras*. Aber auch hier gilt, wie meist, wenn es im Yoga um das Entscheidende geht: Weniger ist mehr. Und letztlich ist mit diesen drei *Sūtras* auch schon alles gesagt, was Yoga im ursprünglichen Sinn ausmacht.

Übung

Ob Sie āsana als Üben der Sitzhaltung für die Meditation oder als Üben von Körperhaltungen praktizieren, die folgende Reflexionsübung wird Ihnen wichtige Hilfen zur Vertiefung Ihrer Praxis geben können.

1. Übung der Stabilität (sthira):

- *Achten Sie auf regelmäßige und stabile Übungszeiten.*
- *Beachten Sie die Regeln korrekten Sitzens bzw. der korrekten Durchführung der Körperübungen.*
- *Spüren Sie den Widerstand an der Grenze Ihrer Fähigkeit der Dehnung und der eigenen Kraft.*

2. Zulassen einer nicht nur stabilen, sondern auch glücklichen Praxis (sukha):

- *Bei aller Regelmäßigkeit des Übens, genießen Sie Ihre Praxis.*
- *Bei aller korrekten Durchführung der Übung, spüren Sie, was Ihnen gut tut.*
- *Bei aller Zielorientierung, lassen Sie an der Grenze des Machbaren los, um sich auf die innere Unendlichkeit einzulassen.*

3. Öffnung der Übung für die Lebenshaltung frei von den Gegensatzpaaren (dvandva):

- *Lassen Sie so die innere Türe des Yoga aufgehen, durch die sich die innere Bindung an die Gegensatzpaare auflöst.*
- *Tragen Sie die Erfahrung der aufbrechenden inneren Kraft im Hier und Jetzt aus den Übungszeiten hinaus in das alltägliche Leben.*
- *Versuchen Sie so immer wieder von der Getriebenheit im Hin und Her des Alltags loszulassen und āsana als die Lebenshaltung des Sitzens oder Ruhens in uns selbst zu kultivieren.*

11. Übung der Atemregelung

Sūtra II.49:

asmin sati śvāsa - praśvāsayor
Dem darin Seienden Ausatmung Einatmung

gati - vicchedaḥ prāṇāyāmaḥ
Verlauf Unterbrechung Atemregelung

Wenn dies realisiert ist, folgt die Atemregelung:
die Unterbrechung des Verlaufs von Aus- und Einatmung.

Wenn ‚dies realisiert ist', wenn der *Yogī* in der Übung der Sitzhaltung gefestigt ist, dann folgt das vierte Glied, die Atemübung von *prāṇāyāma*. Zusammengesetzt aus *prāṇa*, d.h. ‚Atem/Lebensenergie', und *āyāma* im Sinn von ‚Regelung', ist *prāṇāyāma* wörtlich mit ‚Atemregelung' zu übersetzen. In den fünf *Sūtras* II.49-53 erläutert *Patañjali* nun die Grundlinien der yogischen Atempraxis.

Um zu erklären, was Üben mit dem Atmen heißt, reichen zunächst zwei Doppelwörter. Es geht um die ‚Verlaufs-Unterbrechung' von ‚Ausatmung-Einatmung'. Jeder Mensch beginnt mit dem ersten Atemzug nach seiner Geburt einzuatmen, atmet dann aus, und wieder ein und wieder aus und wieder ein und dies so lange, bis er mit dem letzten Ausatmen auch sein Leben aushaucht. Dies gilt für alle Menschen, besser gesagt, für fast alle Menschen. Die *prāṇāyāma* praktizierenden *Yogīs* üben die Unterbrechung dieses normalen Verlaufs von Ausatmung und Einatmung.

Warum ist jedoch diese Unterbrechung so wichtig? Die Antwort findet man, wenn die Sanskritworte in den Blick genommen werden, die *Patañjali* für Aus- und Einatmung benutzt: *śvāsa* und *praśvāsa*. Diese beiden Begriffe waren schon einmal in *Sūtra* I.31 aufgetaucht. Dort hieß es, wenn der Geist zerstreut ist, dann wirkt sich diese Zerstreuung auch auf die Atmung aus und führt zu *śvāsa-praśvāsa* im Sinn von ‚unruhiger und hastiger Atmung'.

Prāṇāyāma setzt an dieser Wechselbeziehung zwischen Geist und Atmung an und versucht nun umgekehrt, mit der Atemregelung auf den Geist einzuwirken. Die Übung stellt sich die Aufgabe, das normale, das heißt aus yogischer Sicht das unbewusste, unruhige und oft sogar hastige Atmen zu unterbrechen. Ziel ist es, die Atmung zur Ruhe kommen zu lassen, um so auch die alltägliche Unbewusstheit zu reduzieren und die Getriebenheit des Geistes zu beruhigen.

Das folgende *Sūtra* II.50 zeigt dann, wie dies konkret geschieht. Wer jedoch die Beschreibung einer ausgefeilten Atemtechnik erwartet hatte, wie sie später in den Texten des *Haṭha-Yoga* erarbeitet sind, der wird enttäuscht. *Patañjali* klärt zuerst ganz grundlegend, welche Formen des Atmens es überhaupt gibt. Drei Atemphasen werden aufgezählt: Ausatmung, Einatmung und die Atempausen. Die Übung besteht nun ausschließlich darin, diese drei Atemphasen zu beobachten, und zwar nach ihrem Ort, nach der Zeit und nach der Anzahl der Atemzüge. Alles, was die Übung ausmacht, ist die einfache Achtsamkeit auf den Ort der Atmung, die Dauer der einzelnen Atemphasen und das Zählen der Atemzüge.

In seiner Analyse der Übung des Sitzens (*āsana*) hatte *Patañjali* davon gesprochen, dass die Haltung nach langem, beständigem Üben sowohl stabil (*sthira*) und zugleich glücklich (*sukha*) werde. Und auch in Bezug auf die Atemübung werden in *Sūtra* II.50 wiederum zwei Qualitäten genannt, die es im Üben mit dem Atem zu entwickeln gilt. Der Atem soll lang (*dīrgha*) und zugleich fein (*sūkṣma*) werden.

Viele Atemübungen zielen auf ein bewusstes Verlängern des Atems, wobei mitunter Mühe und Anstrengung aufzubringen sind. Wie das lange Halten einer Sitzhaltung oder einer yogischen Körperübung nach beständigem Üben immer leichter geschieht, so entsteht auch in der Atempraxis mit der Zeit eine ganz besondere, innere Ruhe voller Leichtigkeit. Der Atem wird lang, gleichzeitig jedoch auch fein. Ohne Anstrengung, ja ohne es zu machen, entwickelt sich eine von selbst aufkommende Atemruhe. Mit der fortschreitenden Verfeinerung des Atmens beginnt sich auch die Zerstreutheit der getriebenen Bewegungen des Geistes zu stabilisieren. Wer so übt, macht alles richtig. Und doch hat er auch hier den entscheidenden Schritt noch nicht getan.

Wer in die Tiefe der spirituellen Philosophie von *prāṇāyāma* vordringen will, der muss auch *Sūtra* II.51 mit einbeziehen. Hier spricht *Patañjali* in geheimnisvoller Weise von der ‚Vierten' (*caturtha*). Die ‚vierte' Atemform übersteigt alles, was äußerlich sichtbar ist. Die ersten drei Atemphasen (Ausatmen, Einatmen und Atempause) werden in *Sūtra* II.52 mit einer äußeren Hülle verglichen, die die ‚vierte' Form des inneren Atmens verdeckt. Bei der ‚vierten' Atemform geht es um eine Art ‚erleuchtetes' Atmen. Was kann jedoch hiermit gemeint sein?

Den entscheidenden Hinweis zum Verständnis dieser Frage findet man in einer alten *Upaniṣad*, also in den frühen Ursprungstexten des Yoga. Schon in der *Māṇḍūkya-Upaniṣad* wurde zwischen den drei Bewusstseinszuständen Wachen, Traum und Tiefschlaf und dem ‚Vierten' unterschieden. Es ist zwar nicht von einer ‚vierten' Atemform die Rede, ganz parallel zu *Patañjali*, jedoch von einem ‚vierten' Bewusstsein. Dabei geht es nicht um ein zusätzliches, zu den alltäglichen Bewusstseinsformen hinzukommendes Bewusstsein, sondern um den tragenden Grund von Wachen, Traum und Tiefschlaf. Der ‚Vierte' entzieht sich hierbei dem menschlichen Zugriff. Wer zum 'Vierten' durchbricht, der ist nicht mehr getrieben und gebunden. Er bleibt nicht mehr auf sein Ego beschränkt, sondern lebt, ob er nun wacht, träumt oder ob er schläft, aus dem wahren Selbst.

Die Quelle, aus der *Patañjali* schöpft, ist somit gefunden und mit dieser Quelle auch der Schlüssel zum Verständnis des Geheimnisses der vier Formen des Atmens. Auch die ‚vierte' Atemform entzieht sich, wie das ‚vierte' Bewusstsein, dem menschlichen Zugriff. Die in *Sūtra* II.50 beschriebene Übung, durch die das Atmen lang und zugleich fein wird, wirkt nur vorbereitend und fördernd. Die ‚vierte' Form des Atmens bricht auf, wenn das Atmen eine grundlegend andere Qualität erreicht. In der ‚Vierten' schwindet die Hülle der Unbewusstheit, die die innere Erleuchtung bedeckt. Verspannungen, Abhängigkeiten oder emotionale Bindung wirken wie eine

Hülle, die das ursprüngliche Leben und somit die innere Erleuchtung verdecken. Die ‚Vierte' bedeutet nicht nur die Veränderung der gesamten Atmung, sondern auch des Geistes und letztlich des ganzen Menschen. Wer zur ‚Vierten' durchbricht, der lebt nicht mehr unbewusst, ist nicht mehr getrieben oder gebunden. Er lebt, ob er nun einatmet, ob er ausatmet oder ob der Atem still steht, aus der Klarheit des in sich ruhenden Geistes.

Die Geschichte des *Yoga* endet bekanntlich nicht mit *Patañjali.* Insbesondere der *Haṭha-Yoga* entwickelte später zahlreiche, differenziert ausgearbeitete Atemübungen, die heute die yogische Atempraxis prägen. Die Atemtechniken des *Haṭha-Yoga* erweisen sich als äußerst hilfreich. Sie haben jedoch auch das heute weit verbreitete Missverständnis gefördert, Yoga auf eine Ansammlung von Übungstechniken zu reduzieren. Immer wieder erscheint es ratsam, die *Yoga-Sūtras* des *Patañjali* zur Hand zu nehmen und sich mit ihrer Hilfe auf das zu besinnen, was Yoga im ursprünglichen Sinn ausmacht. *Patañjali* zeigt auf, wie die Übung von *prāṇāyāma* mit der ‚Regelung' und somit der Übung der Beruhigung des Atems beginnt, in der das Atmen lang und fein wird. Das Üben bildet jedoch nur die Vorbereitung darauf, immer weniger zu regeln und zu machen. Letztlich gilt es, sogar die Übungsmatte zu verlassen, um alle Ausatmung, Einatmung und auch die Atempause im konkreten Leben von einem ursprünglichen Atmen im Sinne der Klarheit des Lebens aus dem wahren Selbst tragen zu lassen.

Übung

Im Folgenden ist die Atemübung der Yoga-Sūtras beschrieben. Die hier dargelegten Prinzipien sind jedoch auch auf alle anderen Atemübungen des Yoga anzuwenden.

1. Das Üben mit den drei Atemphasen:
Der Atem wird lang (dīrgha) und fein (sūkṣma)

- *Legen Sie eine bestimmte Übungsdauer fest, in der Sie die Atemübung durchführen.*
- *Beginnen Sie dann die drei Atemphasen Ausatmung, Einatmung und die dazwischenliegenden Atempausen wertfrei zu beobachten. Achten Sie auf den Ort des Atems und beobachten Sie die Dauer jeder Atemphase. Sie können auch die Anzahl der Atemzüge zählen, wenn Ihnen dies als hilfreich erscheint.*
- *Praktizieren Sie diese Übung über einen längeren Zeitraum hinweg. Achten Sie darauf, wie Ihr Atmen lang und fein wird.*

2. Die Ausrichtung des Atmens auf die ‚Vierte':
Sich von der Klarheit des Lebens aus dem Selbst tragen lassen

- *Beobachten Sie, wie mit der Beruhigung des Atems auch die inneren Ruhe und Klarheit des Geistes wächst.*
- *Vergegenwärtigen Sie sich, wie jede Übung mit dem Befolgen bestimmter Übungsanweisungen beginnt, die konkret machbar sind.*
- *Der Fortschritt der Übung zeigt sich im Wachsen des tragenden Lebens aus der Klarheit des wahren Selbst. Hier wird weder geübt noch irgendetwas gemacht. Hierauf weist Patañjali, wenn er von der ‚Vierten' spricht.*

12. Übung des Zurückziehens der Sinne

Sūtra II.54:

svaviṣaya	-	*asaṃprayoge*	*cittasya*
aus ihrem eigenen Bereich		Loslösung	des Geistes

svarūpa-anukāraḥ	*iva*	*indriyāṇām*	*pratyāhāraḥ*
eigener Form folgend	gleichsam	der Sinne	Zurückziehen

Wenn die Sinne aus ihrem eigenen Bereich losgelöst werden und gleichsam der Wesensidentität des Geistes folgen, dies heißt Zurückziehen der Sinne.

Mit *pratyāhāra* sind wir nun beim fünften der acht Glieder angekommen. Obwohl *Patañjal*i dieser Übung mit den *Sūtras* II.54-55 nur zwei *Sūtras* widmet, wird auch hier eine umfassende Philosophie entwickelt, aus der die ganze Tiefe des yogischen Transformationsprozesses deutlich wird. Wörtlich übersetzt bedeutet *pratyāhāra* ‚Zurückziehen'. Aus dem Wort selbst geht somit noch gar nicht hervor, was oder wen man hier zurückziehen sollte. Auskunft gibt erst *Sūtra* II.54. Es geht um das Zurückziehen der Sinne.

Was versteht *Patañjali* aber unter *indriya*, ins Deutsche mit ‚Sinne' zu übersetzen? Diese Frage ist mehr berechtigt, als man zunächst annehmen könnte. Jeder kennt die Sinne Sehen, Hören, Schmecken, Riechen und Tasten. Sie stehen auch im hinduistischen Kulturkreis heute im Mittelpunkt. Im alten Indien sprach man jedoch nicht nur von den ‚Wahrnehmungssinnen', sondern auch von den ‚Handlungssinnen' und zählte zu ihnen Sprechen, Greifen, Gehen, Entleeren und Zeugen. Mit den Wahrnehmungssinnen empfängt der Mensch die Informationen von außen. Mit den Handlungssinnen handelt er in der Welt. Es ist davon auszugehen, dass auch *Patañjali* nicht nur fünf, sondern diese zehn Sinne im Blick hatte, wenn er den Begriff *indriya* benutzte.

Nach *Sūtra* II.54 gehört es zur ureigenen Natur aller Sinne, sich auf ihren jeweilig ‚eigenen Bereich‘ auszurichten. Mit dem Sehen sieht man in dem Bereich des Sehbaren und nimmt hierbei Schönes, aber auch Hässliches, Wertvolles, aber auch Wertloses wahr. Mit dem Hören hört man das Hörbare, lauscht der Musik, hört aber auch Krach. Mit dem Geruchsinn riecht man Duft, aber auch Gestank usw.

Manches erscheint gut und angenehm, anderes wiederum schlecht und unangenehm. Dass dies so ist, liegt nicht an den Sinnesobjekten und auch nicht an den Sinnen. Hierfür ist der Geist (*citta*) zuständig, der die von den Sinnen gelieferten Informationen je unterschiedlich und individuell wertet. So ist es zu erklären, dass der eine etwas als schön empfindet und genauer hinhört, ein anderer das gleiche Objekt jedoch als hässlich beurteilt und sich abwendet, dass der eine Musik genießt, wo der andere nur Krach zu hören vermag und so weiter.

Sinne und Geist sind somit eng miteinander verbunden. Die Sinnesinformationen setzen den Geist in Bewegung. Ausgelöst von den Sinnesinformationen entstehen die so genannten ‚seelisch-geistigen Bewegungen‘ (*citta-vṛtti*). Wie schon gezeigt (siehe Lektion 1), handelt es sich bei ihnen weniger um

Bewegungen, sondern vielmehr um ein Bewegtwerden des Geistes. Jeder kennt den Drang, das haben zu wollen, was man als schön, wertvoll oder angenehm empfindet, und das zu meiden, was als hässlich, wertlos und unangenehm erfahren wird. Je stärker die geistige Bindung an die Dinge der Welt ist, desto mehr wird der Mensch getrieben im Durst nach immer neuen Sinnesgenüssen oder in der Furcht vor dem Verlust des Wertvollen und Angenehmen.

Pratyāhāra als Zurückziehen der Sinne besteht nun darin, die nach außen auf ihre jeweiligen Bereiche gerichteten Sinne nach innen zu wenden und in dieser Weise zurückzuziehen. Die Übung beginnt zunächst mit dem Zurückziehen der Handlungssinne. Man hört mit dem Handeln in der Welt auf und zieht sich an einen Ort der Ruhe zurück. Nun wird es möglich, auch die fünf Wahrnehmungssinne, einer nach dem anderen, nach innen zu wenden. Nach *Gorakṣas* viel zitiertem Vergleich werden die Sinne von außen nach innen gekehrt, wie eine Schildkröte ihre Gliedmaßen in die Mitte ihres Panzers einzieht. Hiermit ist jedoch nur der Beginn der Übung beschrieben.

Patañjali will weit mehr als nur eine Übung der Abkehr von der Welt. *Sūtra* II.54 spricht davon, dass die Sinne in der Wendung nach innen ‚der Wesensidentität des Geistes' folgen sollen. Erneut begegnet man hier der schon zu Beginn der *Yoga-Sūtras* eingeführten und dort so wichtigen Rede von der ‚Wesensidentität' (*svarūpa*).

Schaut man genau in den Sanskrittext, so ist sogar die zweimalige Verwendung der Vorsilbe *sva* in der Bedeutung von ‚eigen' zu erkennen. Die Sinne lösen sich aus ihrem ‚eigenen Bereich' (*sva-viṣaya)*, um dann der, wörtlich übersetzt, ‚eigenen Form' (*sva-rūpa*), der Wesensidentität des Geistes zu folgen. *Pratyāhāra* entwickelt sich so zu einem inneren Transformationsprozess, in welchem die Ausrichtung der Sinne in grundlegender Weise verändert werden soll. Nach dem Kommentar des *Vyāsa* geschieht dies wie bei einer Bienenkönigin, der alle Bienen hinterherschwärmen, wenn sie sich niederlässt. Der Bienenschwarm der unzähligen an den Sinneseindrücken hängenden Gedanken, Gefühle und Bedürfnisse löst sich von der Bindung an die Dinge der äußeren Welt und folgt der Bienenkönigin der inneren Wesensidentität. Die Getriebenheit im Außen der Welt löst sich auf, so dass alle Bewegungen des Geistes in der inneren Mitte zur Ruhe kommen.

Hier endet *Sūtra* II.54, jedoch keineswegs der Weg von *pratyāhāra*. Wichtig ist, weiterzulesen und natürlich auch den Weg weiterzugehen. In *Sūtra* II.55 spricht *Patañjali* davon, dass nun die ‚höchste Meisterung der Sinne' entsteht. Manche übersetzen mit ‚Beherrschung' oder gar mit ‚Unterwerfung' der Sinne. Entscheidend ist jedoch zu fragen, wer hier ‚herrscht' und wer hier ‚meistert'. Kaum kann es um eine Beherrschung gehen, die in irgendeiner Weise mit eigener Kraft oder Anstrengung hergestellt wird. So wäre immer noch das machende Ego am Werke, das an die Dinge der Welt gebunden ist. Hiervon galt es sich ja gerade loszulösen. In der ‚höchsten Meisterung' öffnet sich der *Yogī* für eine tiefer liegende Kraft, die er nicht selbst herstellt. Eine neue, höchste

Meisterschaft bricht auf, aus der es möglich wird, die Sinne aus der inneren Mitte, aus der Wesensidentität zu meistern.

Die Fähigkeiten der Sinne gehen durch das Zurückziehen nach innen somit nicht verloren. Wenn wir uns das eben erwähnte Bild des *Gorakṣa* vergegenwärtigen: Die Gliedmaßen der Schildkröte verbleiben nicht im Inneren des Panzers. Es mag paradox klingen, aber die Erfahrung kann es nur bestätigen. Das Zurückziehen der Wahrnehmungssinne wie auch der Handlungssinne führt nur zu Beginn zu einer Abkehr, mit der Zeit aber sogar zu einer neuen Öffnung für die Welt. Höchste Meisterung der Sinne heißt, die Dinge der Welt in tiefer Achtsamkeit und mit sinnlicher Schärfe wahrzunehmen und dementsprechend auch zu handeln. Die Sinne sind nicht mehr getrieben, möglichst viel Angenehmes zu erstreben und Unangenehmes zu vermeiden. Sie sind nicht mehr an das allgemein für gut Befundene gebunden und schrecken vor dem zurück, was man nicht tut. Aus der inneren Ruhe des Geistes wird es möglich, mit größter Klarheit zu sehen, zu hören, zu schmecken, zu riechen und zu tasten.

Übung

Ziehen Sie sich zunächst mit Ihren Handlungssinnen zurück, indem Sie das, was nötig ist, erledigen, sich von sonstigen Alltagsverpflichtungen lösen und so die Situation dafür schaffen, einen Ort der Ruhe aufsuchen zu können.

1. Die Sinne in ihrem eigenen Bereich abholen.

- *Lenken Sie Ihr Bewusstsein auf die Dinge, die Sie mit Ihren fünf Wahrnehmungssinnen erkennen.*
    - *Was können Sie sehen, hören, schmecken, riechen und tasten?*
    - *Was erscheint Ihnen angenehm, so dass Sie sich hiervon angezogen fühlen?*
    - *Was wirkt auf Sie schlecht und unangenehm, so dass Sie es vermeiden wollen?*
    - *Spüren Sie, an welche Dinge, die Ihre Sinne wahrnehmen, Sie gebunden sind.*

2. Loslösung und Wendung nach innen

- *Wenden Sie nun alle Sinne, einen nach dem anderen, nach innen, wie dies eine Schildkröte mit ihren Gliedern tut:*
    - *Sie sehen nicht mehr nach außen, sondern blicken nach innen.*
    - *Sie hören nicht mehr nach außen, sondern lauschen nach innen.*
    - *Sie schmecken nicht mehr nach außen, sondern schmecken nach innen.*

- *Sie riechen nicht mehr nach außen, sondern riechen nach innen.*
- *Sie tasten nicht mehr nach außen, sondern tasten nach innen.*

3. Der Wesensidentität des Geistes folgen

- *Alle an den Sinneseindrücken hängenden Gedanken, Gefühle und Bedürfnisse werden wie ein Bienenschwarm danach drängen, wieder zu ihrem eigenen Bereich in der äußeren Welt zurückzukehren. Lauschen Sie jetzt auf die Bienenkönigin ihrer inneren Wesensidentität. Laden Sie den Bienenschwarm der Sinne ein, der inneren Bienenkönigin zu folgen und so in ihrer inneren Mitte zur Ruhe zu kommen.*
- *Vollziehen Sie die Übung der Umkehr der Sinne von außen nach innen zu festen Übungszeiten oder auch immer dann, wenn Sie die Zeit finden, für einen Moment die Augen zu schließen und so zu innerer Ruhe zu finden.*

4. Aus der höchsten Meisterung der Sinne leben

- *Praktizieren Sie die Übung über einen längeren Zeitraum hinweg und vergegenwärtigen sich, was passiert, wenn Sie nach der Übung sich wieder nach außen wenden und im Alltag handeln.*
    - *Wird es möglich, die Dinge der Welt mit größerer Schärfe und Achtsamkeit wahrzunehmen?*
    - *Vermögen Sie mit einer neuen Kraft mitten in der Welt zu handeln, wie Patañjali dies beschreibt?*

13. Übung der Meditation

Sūtra III.4:
trayam ekatra saṃyamaḥ
drei in eins Zusammenfassung

Diese drei zusammen
sind die Zusammenfassung der Meditation.

Mit den beiden *Sūtras* zum Zurückziehen der Sinne (*pratyāhāra*) endete das zweite Kapitel und mit ihm die Beschreibung der ersten fünf Glieder des achtgliedrigen Übungsweges. Es folgen zu Beginn des dritten Kapitels die Glieder sechs, sieben und acht und mit ihnen die drei Grundprinzipien yogischer Meditation. Sie befinden sich nicht nur genau in der Mitte der *Yoga-Sūtras*. In *Sūtra* III.4 spricht *Patañjali* davon, dass diese drei zusammen die ‚Zusammenfassung' (*saṃyama*) des Yoga ausmachen. Wenn man wissen will, was Meditation als Zusammenfassung des Yoga bedeutet, muss man diese letzten drei Glieder verstehen lernen.

Meditation des Yoga beginnt mit dem sechsten Glied, das als ‚Konzentration' (*dhāraṇā*) bezeichnet wird. In *Sūtra* III.1 definiert *Patañjali* Konzentration als die ‚Bindung' des Geistes an einen Ort. Diese Bindung der Konzentration erfüllt dabei einen ganz konkreten Zweck. Das Bewusstsein des ungeübten Menschen, das so genannte Alltagsbewusstsein, kann man sich nach einem viel gebrauchten Bild wie einen Baum im indischen Urwald vorstellen, auf dem unzählige Affen hin- und herspringen. Wie diese Affen, von Ast zu Ast springend, immer in Bewegung sind, richten sich auch die Bewegungen des Geistes einmal auf dies und ein anderes Mal auf etwas anderes aus und springen so einmal unruhig, manchmal auch müde, aber immer getrieben, vom einen zum nächsten.

Der Konzentration von *dhāraṇā* kommt nun die Aufgabe zu, diese Bewegungen des Geistes an einen Ort zu binden. Dabei erscheint es als sinnvoll, sich als diesen Ort nicht den wildesten Affen auszusuchen. Geeignet ist ein Meditationsgegenstand, der das Potential hat, die Unruhe der getriebenen Geistesaktivitäten zur Ruhe zu bringen. *Patañjali* selbst sagt noch nicht, worauf sich der Meditierende zu Beginn der Übung konzentrieren sollte. Erst der Kommentar des *Vyāsa* nennt Beispiele wie den Nabelkreis oder die Nasenspitze. Oft dient auch der Atem oder ein Mantra wie OM als Gegenstand, auf den sich die Konzentration richten kann.

Es geht also nicht um irgendein Wort, sondern um ein besonderes Mantra. Auch wird nicht irgendeine Stelle des Körpers empfohlen, sondern ein spezieller Energieort. Der Klang einer Klangschale wird sich als geeigneter erweisen als der Krach eines Presslufthammers. Es gilt, sich aber zu vergegenwärtigen: So heilig das Mantra auch sein mag, immer handelt es sich doch nur um einen Affen. Vielleicht konzentriert man sich auf einen ganz besonderen Affen. Jeder Meditationsgegenstand bleibt aber ein Affe im großen Baum des Denkens und Fühlens des Geistes.

Dhāraṇā ist nach dem schon erwähnten Bild mit dem Versuch zu vergleichen, mit eigener Kraft die innere Türe zu öffnen, die den Übenden von seinem wahren Selbst trennt. Manche üben lange und mit größter Anstrengung. Sie drücken und schieben mit aller Kraft. Andere üben sanft, einem Anklopfen vergleichbar. Für alle gilt jedoch: Durch eigene Kraft allein wird sich die Türe nicht öffnen. Solange man *dhāraṇā* übt, besteht immer noch eine Bindung. Auch von der Bindung an den einen, besonderen Affen gilt es sich zu lösen. Und dies geschieht mit *dhyāna*.

Das siebte Glied *dhyāna* ist mit ‚Meditation' oder ‚Loslassen' zu übersetzen. Die Konzentration auf den Meditationsgegenstand wird jetzt für den Prozess eines konzentrierten Loslassens geöffnet. Solange man sich übend anstrengt, ist es noch die Konzentration von *dhāraṇā*. Meditation entsteht, wenn man übt, immer weniger zu machen. Wenn Meditation anfänglich nur eine Konzentrationsübung war, entwickelt sie sich jetzt erst durch das Loslassen zur Meditation im eigentlichen Sinn des Wortes.

Patañjali definiert *dhyāna* in *Sūtra* III.2 als das ‚Zurückfließen' (*pratyaya*) in ‚einem Strahl' (*ekatānatā*). Die Konzentration auf den Meditationsgegenstand wird somit gelockert, aber nicht aufgegeben. Loslassen bedeutet somit nicht, dass der Geist sich wieder gehen lässt und so erneut von einem Ort zum nächsten treibt. Die Übung beginnt zu fließen, ohne zu zerfließen. Konzentration und Loslassen kommen zusammen. Das Loslassen in die Weite geschieht in einer neuen, vertieften Form der Konzentration, so dass der Geist fokussierter und konzentrierter wird, in dieser Konzentration sich jedoch gleichzeitig auch weitet und öffnet.

Wenn *dhāraṇā* mit dem Drücken und Klopfen an der Türe zur inneren Mitte verglichen werden kann, so entsteht durch *dhyāna* die Erkenntnis, dass die Türe gar nicht verschlossen ist. Man lässt los, indem man mit der Klinke in der Hand die Tür einfach aufgehen lässt. Meditation vermag so weit mehr zu erreichen, als was gemacht oder hergestellt werden kann. *Dhyāna* bedeutet das Aufgehenlassen der inneren Türe, so dass das Licht durchbrechen kann, das *Patañjali* mit dem achten und letzten Glied seines Weges als *samādhi* bezeichnet.

Mit *samādhi* stoßen wir erneut auf den für die *Yoga-Sūtras* so wichtigen Begriff für die Yogaerfahrung. *Patañjali* hatte im ersten Kapitel nicht nur ausführlich die Philosophie von *samādhi* erläutert, sondern sogar das Kapitel nach diesem Begriff benannt. Immer wieder gilt es sich zu vergegenwärtigen, dass die *Yoga-Sūtras* keine spektakulären Versenkungszustände oder Jenseitserfahrungen meinen, wie sie manche indische Hindus oder westliche Esoteriker im Blick haben, wenn sie von *samādhi* sprechen. Auch im Zusammenhang des achtgliedrigen Übungsweges geht es um die Erfahrung des Hier und Jetzt, wenn in der Meditation die innere Türe aufgeht und ein neues, ursprüngliches Leben aus der inneren Balance zu tragen beginnt.

Immer wieder erweist es sich als hilfreich, sich die wörtliche Übersetzung von s*amādhi* mit ‚Einung' ins Bewusstsein zu rufen. *Patañjali* wird in *Sūtra* III.3 nicht müde zu erklären, dass unter Einung nicht die Vereinigung von zwei zuerst voneinander getrennten Dingen zu verstehen ist. Die Einung von *samādhi* wird gleichsam freigelegt, wenn die ‚eigene Form leer‘ wurde (*svarūpa-śūnya*). Mit der eigenen Form meint *Patañjali* hier die getriebenen Aktivitäten, die das Ego des Alltagsbewusstseins ausmachen. Sie wird leer, wenn die Bindung und Getriebenheit zur Ruhe kommen und Klarheit sowie Bewusstheit des Denkens und Fühlens entsteht. Die Erfahrung von *samādhi* wird als Erwachen zu dem einenden Leben deutlich, das dem Alltagsbewusstsein in seiner Getriebenheit nicht bewusst ist.

Wenn in dieser Weise die eigene Form leer wurde, dann ‚leuchtet der Gegenstand allein auf ‘ *(artha-mātra-nirbhāsa*). *Patañjali* spricht davon, dass das *artha* aufleuchtet. *Artha* meint zunächst ‚Gegenstand‘, dann aber auch ‚Sinn‘ und ‚Zweck‘ oder ‚Vermögen‘ und ‚Reichtum‘. Es leuchtet das auf, was im Yoga immer Gegenstand ist, der Sinn und Zweck aller Übungspraxis. Dies ist das innere Vermögen und der Reichtum des Geistes, der zu Beginn noch unbewusst und verschüttet war. In *samādhi* bricht die Bewusstheit des inneren Lichtes durch, das dann Geist und Leben zu tragen beginnt. *Samādhi* bedeutet das Erwachen von innen heraus, die Erfahrung der inneren Kraft in der Leichtigkeit, das Leben der Stabilität aus der inneren Mitte. Wenn man mit der Konzentration von *dhāraṇā* versuchte, die Türe aufzudrücken, und im Loslassen von *dhyāna* die Türe nach innen aufgeht, dann kann mit *samādhi* nun die neue Kraft der Einung von innen leuchten.

Übung

Die folgende Reflexionsübung kann helfen, die von Ihnen geübte Praxis der Meditation zu intensivieren.
Vergegenwärtigen Sie sich, wie folgende drei Aspekte der Meditation unterschieden werden können, aber auch, wie sie innerlich zusammenhängen und das Ganze der Meditation ausmachen.

1. Dhāraṇā:
Konzentration als Anklopfen an der inneren Türe zu uns selbst

Konzentrieren Sie sich zu Beginn der Meditation auf Ihren Meditationsgegenstand und binden Sie so Ihren unruhigen Geist an einen bestimmten Ort.
Die Konzentration auf den Meditationsgegenstand kann als das Anklopfen an die innere Türe zu uns selbst verstanden werden. Beobachten Sie, wie Sie manchmal größere Anstrengung aufwenden, um sich zu sammeln, ein anderes Mal sich nur wenig mühen müssen. Ihr eigenes Tun kann in dieser Weise als kräftiges Drücken und Schieben an der inneren Türe verstanden werden, das andere Mal als sanftes Anklopfen.

2. Dhyāna:
Loslassen als das Aufgehenlassen der inneren Türe zu uns selbst

Öffnen Sie sich in der Meditation immer mehr für die Weite. Achten Sie darauf, wie Sie immer weniger machen. Spüren Sie, wie Sie in Ihrem Üben loslassen. Nehmen Sie

wahr, wie Sie sich für den Prozess des konzentrierten Fließenlassens öffnen. Erfahren Sie, wie Sie fokussierter und gleichzeitig weiter werden.
Je mehr Sie sich für das gesammelte Loslassen von dhyāna öffnen, desto stärker kann sich, ohne Ihr Zutun, die innere Türe öffnen.

3. Samādhi:
Die innere Türe öffnet sich, so dass die Einung des inneren Lichtes leuchten kann

Wenn sich die Türe öffnet, kann das innere Licht erstrahlen und die Erfahrung einer neuen, inneren Kraft ermöglichen.
Wenn davon gesprochen wird, dass Yoga wirkt, ist die Erfahrung dieser inneren Kraft aus der Leichtigkeit gemeint.
Erst aus dieser Erfahrung ist zu erahnen, was Patañjali mit samādhi wirklich meint.

14. Meditation als innerer Kern jeder Yogaübung

Sūtra III.7:

trayam	*antar-aṅgaṃ*	*pūrvebhyaḥ*
drei	inneres Glied	in Bezug zu den früheren

Die drei letzten Glieder sind wiederum der innere Kern in Bezug zu den früheren Gliedern.

Mit den letzten drei Gliedern nennt *Patañjali* die Grundprinzipien der Meditation des Yoga. Nach *Sūtra* III.7 gelten diese drei zusammen wiederum als das ‚innere Glied' der früheren fünf. Die acht Glieder des Yoga sind somit weder als aufeinanderfolgende Stufen noch als gleichberechtigte Glieder einer Kette zu verstehen. Es ist zwischen den ersten fünf äußeren Gliedern und ihrem inneren Kern der letzten drei Glieder zu unterscheiden.

Durch die letzten drei wird erst klar, was mit den ersten fünf Gliedern gemeint ist. Meditation zeigt sich als der innere Kern der Übungen für ein gutes Handeln, für eine gute Yogapraxis, für die Sitzhaltung, die Atemregelung und das Zurückziehen der Sinne.

Yoga ist Meditation. Die ersten fünf Glieder werden erst zu Yoga im ursprünglichen Sinn, wenn sie als Meditation geübt werden. Und letztlich gilt: Eine Übung kann erst dann als Yoga im ursprünglichen Sinn bezeichnet werden, wenn sie als Meditation geübt wird, wenn sie auf Meditation als ihren inneren Kern ausgerichtet ist.

Yogische Meditation im engeren Sinn meint natürlich weiterhin das geistige Üben mit einem Mantra oder einem anderen Meditationsgegenstand. Aber auch die Ethik von *yama* und *niyama* ist als Meditationsübung im weiteren Sinn zu verstehen. Der ursprüngliche Sinn der Gebote des Handelns leuchtet erst dann auf, wenn sie nicht mehr als äußere Handlungsanweisungen verstanden werden, sondern als Übungen der Meditation. Es gilt, sich mit *dhāraṇā* auf die konkrete Handlung zu konzentrieren, mit *dhyāna* vom machenden Tun loszulassen, um sich so auch im alltäglichen Handeln von der Kraft der inneren Einung von *samādhi* tragen zu lassen.

Der ursprüngliche Sinn der *āsana*-Praxis ist erst dann realisiert, wenn sie als Meditation geübt wird, als Meditation mit dem Meditationsgegenstand der Sitzhaltung. Das Gleiche gilt auch für die erweiterte *āsana*-Praxis des *Haṭha-Yoga*. Das Üben mit Körperhaltungen wie auch mit Körperbewegungen ist als Meditation mit dem Körper zu verstehen.

Die Atemübungen von *prāṇāyāma* meinen Meditation mit dem Atem. Und auch wenn der *Yogī* in *pratyāhāra* alle Sinne aus der Welt zurückzieht, um sich dann in dieser Verinnerlichung wieder neu auf die Welt auszurichten, immer geht es darum, die Übung für ihren inneren Kern der Meditation zu öffnen.

Obwohl die *Sūtras* mit den letzten drei Gliedern des achtgliedrigen Übungsweges zum inneren Kern des *Yoga* vorgedrungen sind, so sieht *Patañjali* hier immer noch nicht das Ende des Yogaweges erreicht. Nach *Sūtra* III.8, dem letzten *Sūtra* dieses Abschnittes, gelten die drei inneren Glieder selbst wieder nur als äußere Seite einer noch tiefer verstandenen Innerlichkeit, die als *nirbīja samạdhi*, als keimlosen Einung bezeichnet ist.

Noch einmal ist somit eine Thematik aufgegriffen, die schon am Ende des ersten Kapitels erläutert wurde. *Patañjali* hatte hier zwischen *sabīja samādhi*, der keimhaften Einung und *nirbīja samādhi*, der Einung ohne Keim unterschieden. Verschiedene Stufen von *samādhi* wurden so zum Ausdruck gebracht. Erneut erscheint es wichtig, sich die Frage zu stellen, was mit *bīja*, das heißt, mit dem ‚Keim' eigentlich gemeint ist. Die keimhafte Einung trägt in irgendeiner Weise den Keim einer Bindung in sich, den Keim der Bindung an die Aktivitäten des Geistes. Aber um was für eine Art von Bindung kann es sich hier handeln?

Jede Übungspraxis ist auf ein Ziel ausgerichtet. Das Streben nach einem Ziel gehört gleichsam zum Wesen des Übens. Wenn man kein Ziel hätte, das man zu erreichen strebt, würde man weder mit dem Üben beginnen noch eine Übungspraxis weiterführen. Verschwindet das Ziel, entweder weil das Ziel erreicht wurde oder weil man es nicht mehr erreichen will, wird man auch mit dem Üben aufhören. Der Keim, von dem hier gesprochen wird, besteht in genau diesem Streben nach der Verwirklichung des Zieles.

Die letzte Bindung liegt somit im Streben nach der Verwirklichung von *samādhi* selbst. Es strebt das Ego. Es ist das Ego, das das Ziel der Yogaerfahrung, das Ziel der Verwirklichung von *samādhi,* für sich haben möchte. Erst wenn sich dieser letzte Keim des Streben nạch Verwirklichung auflöst, wird der Geist vollkommen einfach und rein. Erst dann bricht *nirbīja samādhi* auf, die Einung ohne den Keim der Bindung an die Verwirklichung von *samādhi*.

Übung

Meditation bildet den inneren Kern jeder Yogaübung. Erst indem eine Praxis als Meditation geübt wird, wird sie zu Yoga im ursprünglichen Sinn.

Vergegenwärtigen Sie sich, dass die drei Aspekte dhāraṇā, dhyāna und samādhi in jeder Yogaübung unterschieden werden können, aber auch wie sie innerlich zusammenhängen und das Ganze der Yogaübung als Meditation ausmachen.

1. Dhāraṇā:

Konzentration als das Anklopfen an der inneren Türe zu uns selbst

Jede Übung beginnt mit dhāraṇā. Konzentrieren Sie sich zu Beginn Ihres Übens. In der āsana-Praxis sammeln Sie sich auf den Körper, bei der Atemübung auf den Atem, in der Meditation auf das Mantra usw. Die Konzentration kann als das Anklopfen an die innere Türe zu uns selbst verstanden werden. Beobachten Sie, wie Sie manchmal größere Anstrengung aufwenden, um sich zu sammeln, ein anderes Mal sich nur wenig mühen müssen. Ihr eigenes Tun kann in dieser Weise als kräftiges Drücken und Schieben an der inneren Türe verstanden werden, das andere Mal als sanftes Anklopfen.

2. Dhyāna:

Loslassen als das Aufgehenlassen der inneren Türe

Öffnen Sie sich in Ihrer Praxis immer mehr für die Weite. Achten Sie darauf, wie Sie immer weniger machen. Werden Sie sich bewusst, wie Sie in Ihrem Üben loslassen. Nehmen Sie wahr, wie Sie sich für den Prozess des konzentrierten Fließenlassens öffnen. Erfahren Sie, wie Sie enger und gleichzeitig auch weiter werden. Umso mehr Sie sich für das gesammelte Loslassen von dhyāna öffnen, desto stärker kann sich, ohne Ihr Zutun, die innere Türe öffnen.

3. Samādhi:
Die Einung des inneren Lichtes leuchten lassen

Wenn sich die Türe öffnet, kann das innere Licht erstrahlen und die Erfahrung einer neuen, inneren Kraft ermöglichen. Wenn davon gesprochen wird, dass Yoga wirkt, ist die Erfahrung dieser inneren Kraft aus der Leichtigkeit gemeint. Erst aus dieser Erfahrung ist zu erahnen, was samādhi heißt, die Einung mit uns selbst und mit allem, was lebt.

Nirbīja samādhi: Die Einung ohne den Keim der Bindung an das Streben nach Verwirklichung

Vergegenwärtigen Sie sich, dass es einen konkreten Antrieb für Ihre Übungspraxis gibt. Dieser Antrieb liegt in Ihrem Streben nach Verwirklichung der Ziele des Yoga. Aber selbst das Streben nach der Verwirklichung von hohen Zielen bindet. Die letzte Perspektive des Yoga bedeutet, dass auch dieses hohe Streben zur Ruhe gekommen ist. Die keimlose Einung bedeutet das Ende jeglichen Strebens und so auch das Ende der Übungspraxis des Yoga.

15. Der Umgang mit den Wirkungen

Sūtra III.50

tad - vairāgyād-api *doṣa - bīja - kṣaye*
von diesen Loslösung sogar im Übel Keim Schwinden

kaivalyam
ursprüngliche Freiheit

Wenn man sogar von der Bindung an die außergewöhnlichen Wirkungen des Yoga losgelöst ist,
entsteht, im Schwinden des letzten Keims des Übels, die ursprüngliche Freiheit.

Patañjali ist mit den eben erläuterten *Sūtras* zur letzten Perspektive des achtgliedrigen Übungsweges vorgestoßen. Mit dem Ende der Übungspraxis hätte auch der Text enden können. Er tut es jedoch nicht. *Patañjali* geht noch einmal einen Schritt zurück, um die Wirkungen des Yoga in den Blick zu nehmen. Yoga wirkt. Yoga kann sogar in außergewöhnlicher Weise wirken. Es ist jedoch gar nicht so leicht, mit den Wirkungen adäquat umzugehen. So betont *Sūtra* III.37, dass die Wirkungen des Yoga einerseits äußerst hilfreich sind. Sie werden sogar als Vollkommenheiten (*siddhis*) bezeichnet. Auf der anderen Seite können sich diese Vollkommenheiten aber auch zu einem Hindernis auf dem Weg entwickeln. Sie erweisen sich somit als zweischneidiges Schwert. Es ist somit nicht nur hilfreich, zu verstehen, wie die Wirkungen des Yoga entstehen. Als fast noch wichtiger gelten Kenntnisse zum rechten Umgang mit den Wirkungen.

Patañjali widmet dem Thema nicht nur die restlichen 46 *Sūtras* des dritten Kapitels und somit fast ein Viertel des gesamten *Sūtra*-Textes. Auch die Benennung des Kapitels mit *vibhūti pāda*, das heißt ‚Kapitel über die außergewöhnlichen Wirkungen', weist auf die große Bedeutung dieser Thematik.

Vergleicht man Yoga mit anderen spirituellen Übungswegen, so erscheint es keineswegs als selbstverständlich, dem Umgang mit den Wirkungen so viel Aufmerksamkeit zu schenken. Manche Traditionen nehmen das Entstehen der außergewöhnlichen Wirkungen nur zur Kenntnis. Andere sehen eine nähere Beschäftigung mit ihnen sogar als gefährlich an. *Yogīs* betrachteten es dagegen von Anfang an immer wieder auch als durchaus positiv, dass die Übungen außergewöhnliche Wirkungen hervorrufen können. *Patañjali* entwickelte in dem nun zu untersuchenden Text sogar eine Übungspraxis zur Förderung der Vollkommenheiten. Große Teile des dritten Kapitels beschreiben eine auf die Vollkommenheiten ausgerichtete Meditation.

Wie jede andere Form der Meditation auch beginnt diese mit *dhāraṇā*, das heißt mit der Konzentration auf einen Meditationsgegenstand. Als Meditationsgegenstand dient die Vollkommenheit, auf die sich der Blick richten soll. Dabei geht es nicht um moderne Ziele wie schlanker, fitter und leistungsfähiger zu werden. *Patañjali* nennt zunächst Wirkungen, wie sie schon in den ersten drei Kapiteln der *Yoga-Sūtras* erwähnt wurden. Hierzu gehört das Entstehen von Liebe, das Verstehen des Wesens des Geistes, große Kraft und Stabilität oder die Meisterung der Sinnesorgane mit erleuchtetem Hören,

Fühlen, Sehen, Schmecken und Riechen. Besonders fallen aber die Fähigkeiten auf, die man heute in den Bereich der Parapsychologie einordnen würde. Hierzu gehören Hellsichtigkeit, Unsichtbarkeit oder das freie Gehen im Raum, wie es im Fliegen oder im Gehen auf Wasser realisiert wird. Es handelt sich um paranormale Fähigkeiten, wie sie auch in der an Wundergeschichten reichen, hinduistischen Volksfrömmigkeit immer wieder beschrieben werden. Ihr Vorhandensein gilt dort oft sogar als Nachweis für die Göttlichkeit eines Heiligen.

Was nun in der Meditation über die Vollkommenheiten geschieht, wird nun durch einen in drei Phasen aufgegliederten, inneren Wandlungsprozess beschrieben. *Patañjali* knüpft an die grundlegenden Ausführungen zu Beginn der *Yoga-Sūtras* an, wenn er zuerst von der ‚Wandlung des Zur-Ruhe-Kommens' (*nirodha-pariṇāma*) spricht. Yoga beginnt zu wirken, wenn der Prozess des Zurruhekommens einsetzt.

Der Übende richtet sich in der Meditation so zunächst auf die Liebe aus, um dann jedoch in gesammelter Weise von allem Streben nach der Verwirklichung von Liebe loszulassen. In der Meditation auf Hellsichtigkeit gilt es sich zunächst auf das Objekt auszurichten, das in der Vergangenheit oder Zukunft erkannt werden soll, um dann von der Bindung an das Objekt loszulassen. In der gleichen Weise ist auch mit allen anderen Wirkungen und Vollkommenheiten zu verfahren, über die meditiert werden soll.

Es wird klar, dass keine der gewünschten Wirkungen hergestellt werden kann. Die Vollkommenheiten sind keine

Leistungen des Menschen. Sie sind nicht einmal zu machen. Im Zurruhekommen (*nirodha*) des gebundenen Denkens kommt auch die Absicht ihrer Verwirklichung zur Ruhe und so auch die Begierde, aus der Verwirklichung der Vollkommenheiten persönlichen Gewinn zu ziehen.

Was nun geschieht bezeichnet *Patañjali* zweitens mit ‚Wandel der Einung' (*samādhi-pariṇāma*). Wenn auf der einen Seite die getriebenen Aktivitäten des Geistes zur Ruhe kommen, kann auf der anderen Seite die Erfahrung der inneren Einung (*samādhi*) aufbrechen. Jede Wirkung des Yoga schöpft aus dieser inneren Einung, die nun konkret zu erfahren ist.

Wenn Yoga jedoch nach außen in der Welt wirken soll, dann hat der Wandlungsprozess der Meditation weiter zu gehen und sich für die dritte Phase zu öffnen, für den ‚Wandel der Einpünktigkeit' (*ekāgratā-pariṇāma*). *Patañjali* beschreibt jetzt die dritte Phase der Rückkehr in die Außenwelt. Richtet sich der inzwischen klare Blick des geeinten Geistes auf die Dinge der Welt, so erscheint auch ihre Vielheit in neuer, geeinter Kraft. Nicht nur der Geist, sondern auch das Handeln in der Körper- und Sinnenwelt vermag nun aus dieser Kraft des Einen zu leben. Die Wirkungen des Yoga werden erst jetzt durch ein grundlegend verwandeltes Leben in der Welt möglich. Wenn der zur Ruhe gekommene Geist aus der Kraft dieser inneren Einung schöpft und mit dieser Kraft sich erneut auf die Außenwelt ausrichtet, dann entstehen Möglichkeiten, die tatsächlich außerhalb des Vorstellungsvermögens des Alltagsbewusstseins liegen.

Die umfangreiche Beschreibung der auf das Hervorbringen von Wirkungen ausgerichteten Meditation könnte darauf schließen lassen, dass *Patañjali* die Wirkungen des Yoga besonders wichtig gewesen wären. Dies ist jedoch nicht der Fall. Alles läuft auf *Sūtra* III.50 hinaus, das entscheidende *Sūtra*, das den Umgang mit den außergewöhnlichen Wirkungen aufzeigt. Erst von hier aus wird ein genaueres Verständnis des Umgangs mit den außergewöhnlichen Wirkungen des Yoga möglich.

Patañjali spricht in *Sūtra* III.50 zunächst von der Bindung an die Wirkungen des Yoga. Zu Beginn übt der *Yogī,* um Wirkungen hervorzubringen. Hiermit bindet er jedoch seinen Geist an die zu erzielende Wirkung. Die Erfahrung, dass die Yogapraxis wirkt, ist durchaus wichtig. Sie gibt einen wichtigen Hinweis darauf, dass man auf dem richtigen Weg ist. Das *Sūtra* bezeichnet jedoch diese zu Beginn des Übungsweges notwendige Bindung gleichzeitig auch als letzten ‚Keim des Übels', von dem es sich letztlich loszulösen gilt. Was ist hiermit gemeint?

Besonders die außergewöhnlichen Wirkungen der Vollkommenheiten, die durch Yoga hervorgerufen werden können, haben das Potential, den Übenden auf seinem Weg wieder zurückzuwerfen. Ganz konkret warnt *Sūtra* III.51 davor, dass der *Yogī*, wenn er von Hochgestellten eingeladen wird, hierdurch stolz wird. Vollkommenheit kann hochmütig machen und verdunkelt so wieder das Leben aus der inneren Einung. Schnell befindet sich der Übende, der meint, schon weit fortgeschritten zu sein, wieder ganz am Anfang des Weges.

Fast jeder kennt das Phänomen, dass Yogaübende ihre Fähigkeiten der Körperakrobatik zur Schau stellen. Anfänglich positive Wirkungen des Yoga werden so durch einen allem Anschein nach nicht zu bändigenden Drang zur Selbstdarstellung wieder zunichte gemacht. Manche verwechseln hierbei ihr aufgeblähtes Ego auch noch mit Erleuchtung.

Aber selbst das Erstreben von Wirkungen, das zu Beginn motivierte, bindet letztlich den Geist und hindert ihn an seiner weiteren Entwicklung. So sind es nicht die Wirkungen des Yoga, die als Hindernis anzusehen sind, sondern der falsche Umgang mit ihnen, der den Geist in neuer Weise zu binden vermag. Erst in der Loslösung auch von allem Streben nach Wirkungen und Vollkommenheiten kann sich auch dieser letzte Keim des Übels auflösen.

Vielleicht bedeutet Vollkommenheit somit etwas vollkommen anderes, als man zu Beginn glaubte. Dass die Fähigkeit zur Liebe parallel zur Fähigkeit zum freien Gehen im Raum genannt wird, sollte durchaus zu denken geben. Es wäre in diesem Sinne zu fragen, welche dieser beiden Fähigkeiten eher als Ausdruck menschlicher Vollkommenheit anzusehen ist, das spektakuläre Gehen auf dem Wasser oder die kaum die Anerkennung eines gläubigen Publikums auf sich ziehende Fähigkeit zur ursprünglichen Liebe.

Sūtra III.50 macht deutlich, dass echte Vollkommenheit darin besteht, nicht mehr nach Vollkommenheit streben zu müssen. Nur aus der Perspektive des Alltagsbewusstseins erschienen manche Wirkungen des Yoga als übernatürlich und außergewöhnlich. Die wahre Vollkommenheit des Yoga ist in der Rückkehr zu einer ursprünglichen Natürlichkeit zu finden. Letztlich geht es um das Erwachen der ursprünglichen Möglichkeiten des Menschseins, die Entdeckung der ursprünglichen Menschlichkeit des Menschen.

Diese letzte Perspektive des Yogaweges wurde am Ende des ersten und zu Beginn des dritten Kapitels mit *nirbīja samadhi* benannt, als Leben in der ‚Einung ohne den Keim' eines Strebens. In Überleitung zum folgenden vierten Kapitel verwendet *Patañjali* nun einen anderen, synonym zu verstehenden Begriff. Die letzte Perspektive des Yogaweges ist die Vollkommenheit von *kaivalya*, die ursprüngliche Freiheit im Leben der Einfachheit des Hier und Jetzt.

Übung

Die von Patañjali beschriebene, auf die Vollkommenheiten (siddhis) ausgerichtete Meditation sollte nur in Begleitung durch einen kompetenten Lehrer geübt werden.
Es ist im Zusammenhang dieses philosophischen Übungsbuches jedoch durchaus möglich, eine auf Sūtra III.50 sich stützende Übung zum richtigen Umgang mit den außergewöhnlichen Wirkungen des Yoga durchzuführen.

1. Bewusstwerden der Wirkungen der eigenen Praxis

- *Erinnern Sie sich, mit welcher Motivation Sie Ihre Yogapraxis begonnen haben. Welche Wirkungen haben Sie sich von den Yoga-Übungen erwartet?*
- *Welche Wirkungen konnten Sie bis jetzt konkret erfahren?*
- *Welche Wirkungen erwarten Sie heute von Ihrem gegenwärtigen Üben?*
- *Inwieweit würden Sie die schon erfahrenen oder noch erstrebten Wirkungen als außergewöhnlich bezeichnen?*

2. Bewusstwerden des Umgangs mit den Wirkungen

- *Machen Sie sich bewusst, dass die von Ihnen erstrebten Wirkungen Sie auf der einen Seite zum Üben motivieren und somit positiv zu werten sind.*
- *Patañjali spricht auf der anderen Seite vom Streben nach den Wirkungen aber auch als dem letzten ‚Keim des Übels'.*

- *Wurden Sie schon dazu verleitet, die von Ihnen erfahrenen Wirkungen des Yoga nach außen darzustellen, um hierdurch Anerkennung zu erlangen? Machen Sie sich der hierdurch verursachten, inneren Bindung bewusst.*
- *Wo haben Sie schon einmal erfahren, dass das Streben nach Wirkungen und besonders das Streben nach Vollkommenheit Sie an der weiteren Entwicklung hinderten? Machen Sie sich auch hier die hierdurch verursachte innere Bindung bewusst.*

3. Loslösung vom Streben nach Wirkungen und Vollkommenheit

- *Holen Sie Ihren Geist beim Üben von der Ausrichtung auf Wirkungen und vollkommene Ziele immer wieder zurück auf das bewusste Erleben des Hier und Jetzt.*
- *Nehmen Sie die Erfahrung dieser Achtsamkeit in der Übung mit in den Alltag und leben so die Kraft der inneren Gelassenheit mitten im Getriebe der Welt.*

Die ursprüngliche Freiheit von kaivalya:
Ganz ohne dass Sie dies erstreben, kann so die ursprüngliche Freiheit im Leben der Einfachheit des Hier und Jetzt aufbrechen. Was zu Beginn des Übungsweges als Streben nach zum Teil außergewöhnlichen Wirkungen erschienen ist, wird jetzt als Erwachen zu den ursprünglichen Möglichkeiten menschlichen Lebens erfahren.

III. Die hohe Schule der Yoga-Philosophie

Im vierten und letzten Kapitel der *Yoga-Sūtras* folgt die hohe Schule der Yoga-Philosophie. In 34 *Sūtras* wird noch einmal der Weg des Yoga in seinen vielen Facetten analysiert. Die meisten Themen sind schon in den ersten drei Kapiteln behandelt worden. Jetzt geht es darum, weiter in die Tiefe zu gehen.

Das Kapitel beginnt mit der Analyse des Alltagsbewusstseins, des Ausgangspunktes des Yogaweges. Es folgt die Darstellung des Weges selbst, auf dem der Übende immer mehr zwischen dem Alltagsbewusstsein und der wahren Identität zu unterscheiden lernt. Alles mündet in der nochmaligen Analyse des nun als ‚ursprüngliche Freiheit' (*kaivalya*) bezeichneten Ziels des Yoga. Dieses Thema wurde auch zum Namensgeber des Kapitels.

Das Besondere des vierten Kapitels liegt nicht nur in seiner philosophischen Tiefe, sondern auch in der außergewöhnlich starken Ausrichtung auf die buddhistische Spiritualität. Interessanterweise wollten *Vyāsa* und die anderen traditionellen Kommentatoren diese buddhistischen Bezugnahmen nicht sehen. Man findet bei ihnen zum Teil sogar recht abenteuerlich anmutende Uminterpretationen, um *Patañjali* in den Zusammenhang der hinduistischen Kultur einzuordnen zu können. Diesen Abwegen gilt es hier nicht zu folgen, so dass die *Yoga-Sūtras* in ihrer undogmatischen Lebendigkeit erscheinen können.

16. Das Alltagsbewusstsein des Ego

Sūtra IV.4:
nirmāṇa-cittāny-asmitā-mātrāt
geschaffene Geiste Ego nur durch

Der geschaffene Geist entsteht allein durch das Ego.

In seiner berühmten Definition des Yoga im ersten Kapitel sprach *Patañjali* von den gebundenen Aktivitäten des Geistes (*citta vṛtti*). Er charakterisierte hiermit das Alltagsbewusstsein zu Beginn des Yogaweges, dessen Gedanken, Gefühle und Bedürfnisse durch die Bindung an Wohlstand, Anerkennung, sinnliche Freuden usw. getrieben sind (Lektion 1). Nun geht es im vierten Kapitel erneut darum, das Alltagsbewusstsein verstehen zu lernen.

Wohl beeinflusst aus der Diskussion mit buddhistischen Philosophen, spricht *Patañjali* in *Sūtra* IV.4 jetzt von den *nirmāṇa cittāni*, von den, wörtlich übersetzt, ‚geschaffenen Geisten'. Es erscheint zunächst nicht ganz leicht zu verstehen, was *Patañjali* hier meint, wobei sich die Übersetzung des ersten Begriffs *nirmāṇa* als das kleinere Problem darstellt. Mit *nirmāṇa* wird im *Mahāyāna*-Buddhismus die zeitliche und somit sich stetig wandelnden Welt bezeichnet. Es geht also um den ‚geschaffenen' Geist des Menschen in der zeitlich/materiellen Welt.

Schwierig ist jedoch, *cittāni* zu übersetzen, der Plural von *citta*. Wörtlich steht im *Sūtra* ‚Geiste', ein Wort, das in der deutschen Sprache so nicht verwendet wird. Warum für *Patañjali* der Plural an dieser Stelle so wichtig ist, wird klar, wenn man den Blick auf die in *Sūtra* IV.4 genannte Ursache für das Alltagsbewusstsein lenkt. Die geschaffenen Geiste entstehen durch *asmitā*, durch den Ichsinn oder, wie man heute oft formuliert, durch das Ego. Es ist das Ego jedes einzelnen Menschen, durch das er sich im Alltagsbewusstsein als getrennt von den anderen Menschen erfährt. So scheint es durchaus sinnvoll, vom Alltagsbewusstsein nicht als einem Geist, sondern von vielen sich wechselseitig voneinander absetzenden ‚Geisten' zu sprechen.

Wer den Weg des Yoga verstehen will, darf sich nicht nur mit den hohen Zielen des Yoga, sondern auch dem Anfang des Weges beschäftigen. So ist es doch gerade das Ego, das den Yoga übenden Menschen meist mehr bestimmt, als es ihm lieb ist. Im vierten Kapitel ist nun eine der scharfsinnigsten Analysen des Alltagsbewussteins zu finden, die in der Geschichte der Yogaphilosophie entwickelt wurde.

Patañjali unterscheidet hier zwischen zwei verschiedenen Triebkräften, die das Ego ausmachen. Als erstes nennt er in *Sūtra* IV.10 das ‚Wollen' *(āśis)*. Der Ichsinn *ist* nicht, sondern er *will*. Das Ego will Wohlstand, Anerkennung oder sinnliche Freuden und all dies will es nicht für andere, sondern für sich selbst.

Mehr noch, das Ego will nicht nur die Dinge der Welt, sondern es definiert sich auch durch sie und identifiziert sich mit ihnen. *Patañjali* spricht meist davon, dass sich der ‚Seher', die wahre Identität des Menschen, mit dem ‚Gesehenen', das heißt mit den Dingen der Welt, irrtümlich identifiziert und so die Scheinidentität des Ego entsteht. Der Mensch spricht dann zwar von seinem Ich, meint jedoch damit seinen Körper, seine gesellschaftliche Stellung und manchmal sogar sein Haus, sein Boot oder sein Auto.

Jedes Ego will ausschließlich für sich selbst und ist so getrieben von dem Bedürfnis nach Erfüllung des eigenen Wollens. Der Ichsinn zieht den Geist weg von seiner wahren Identität, so dass der Mensch des Alltagsbewusstseins vielleicht glaubt, selbstbestimmt zu handeln. Sein ichbezogenes Wollen bedeutet jedoch weniger ein bewusstes Wollen, sondern mehr ein Getriebenwerden durch die Dinge, mit denen sich das Ego identifiziert.

Bis hierhin ist erklärt, wie der Mensch im Alltagsbewusstsein durch sein ichbezogenes Wollen an die Dinge der Welt gebunden ist. Aber warum will der eine Mensch dies, der andere jedoch das? Warum neigt derselbe Mensch einmal zu diesem, das andere Mal aber zu etwas anderem? Um dies zu erklären, ist das Konzept durch eine zweite Triebkraft zu erweitern. Das Ego ist nicht nur durch das Wollen des Ego bestimmt, sondern auch durch eine unbewusste Triebkraft, besser gesagt, durch unbewusste Triebkräfte, den so genannten *vāsanās* (*Sūtras* IV.8-13).

Erneut erleben wir hier die Einführung eines Fachbegriffs aus dem Buddhismus in die Philosophie des Yoga. Bei den *vāsanās* handelt es sich um unterbewusste Begierden als Rückstände der Auswirkungen früheren Handelns. Sie können bei jeder ichbezogenen Handlung entstehen. Sie kommen auf, wenn Begierden nicht erfüllt, aber auch, wenn sie erfüllt werden. *Patañjali* spricht von einer Art Speicher im Unterbewusstsein, wo diese Begierden verdichtet und gesammelt werden. Die *vāsanas* können hier lange schlummern, bis sie dann plötzlich zur Auswirkung kommen.

Dabei ist keineswegs festgelegt, wann und wo eine bestimmte Prägung sich auswirkt. Fest steht nur, dass jedes Ichbewusstsein durch sein begierdevolles Wollen ständig neue *vāsanās* produziert, die aus dem Unbewussten heraus das Ich von einer Handlung zur nächsten treiben, die wieder neue Begierden erzeugen, die wiederum neues Handeln erfordern.

Selbst wenn man sich nicht erinnert, treiben die *vāsanās* als verborgene Begierden die gegenwärtigen Handlungen an. Der Mensch weiß dann gar nicht, was ihm geschieht, wenn ein impulsives Bedürfnis plötzlich aufbricht, wenn man bei manchen Anlässen wütend wird, das andere Mal aber nachsichtig bleibt. In diesen Prägungen des Unterbewusstseins ist der Grund zu suchen für die zahlreichen Vorlieben und Abneigungen, aber auch für Vorurteile, Ängste und vieles mehr. Neben der Triebkraft des ichbezogenen Wollens erweisen sich diese unbewussten Begierden der *vāsanās* als der zentrale Faktor, durch den die Unbewusstheit und Getriebenheit des Alltagsbewusstseins zum Ausdruck kommen.

Übung

Übungen zu den Strukturen des eigenen Alltagsbewusstseins wurden schon in den Lektionen 1 und 7 beschrieben. Hier gilt es, sich insbesondere der beiden Triebkräfte des Ego (asmitā) bewusst zu werden, die Patañjali als das ichbezogene Wollen (āśis) und als die unbewussten Begierden (vāsanās) bezeichnet.

1. Das ichbezogene Wollen des Ego

- *Fragen Sie sich, was Sie in der geschaffenen Welt für sich wollen, was Sie schon erreicht haben und was Sie noch erstreben. Beachten Sie dabei die Bereiche des*
    - *Wohlstands (Haus, Boot, Auto ...)*
    - *der Anerkennung durch andere Menschen (eigenes Aussehen, Beruf, gesellschaftliche Stellung, Partner, Kinder ...)*
    - *und auch der sinnliche Freuden (Essen, Sex ...).*
- *Wenn Sie sich Punkt für Punkt den Verlust dessen vorstellen, was Sie aufgelistet haben, kann Ihnen an der Stärke des aufkommenden Leidens Ihre Bindung an viele dieser Dinge bewusst werden.*
- *Machen Sie sich bewusst, in welchen konkreten Handlungen sich Ihre Bindung, Ihre Getriebenheit, Ihr ichbezogenes Wollen und somit das Alltagsbewusstsein zeigt.*

2. Die unbewussten Begierden des Ego

- *Vergegenwärtigen Sie sich Situationen, in welchen Sie Triebkräfte erfahren, die nicht durch das ichbezogene*

Wollen hervorgerufen sind. Gehen Sie auch hier die verschiedenen Bereiche durch wie

- *Bedürfnisse, Vorlieben und Abneigungen bis hin zu Süchten,*
- *Vorurteile*
- *aber auch Ängste, Neid oder Wut.*

Machen Sie sich bewusst, dass auch diese nicht bewusst gesteuerten Triebkräfte zu Ihrem Alltagsbewusstsein gehören und einen Teil der Unbewusstheit und Getriebenheit Ihres als Ego bezeichneten Alltagsbewusstseins ausmachen.

17. Der yogische Weg der Unterscheidung

Sūtra IV.25:

viśeṣa-darśina ātma- bhāva - bhāvanā - vinivṛttiḥ
Unterschied sehend Ego Entstehen Kultivierung Aufhören

Wer den Unterschied sieht, bei dem hört die Kultivierung des Entstehens des Egos auf.

Wie ist es möglich, die Unbewusstheit des Alltagsbewusstseins zu überwinden? Gleich zu Beginn der *Yoga-Sūtras* sprach *Patañjali* von *nirodha*. Die Unbewusstheit löst sich auf, wenn die gebundenen Bewegungen des Geistes ‚zur Ruhe kommen' (Lektion 1). Auch diese Frage nach dem Weg des Yoga wird im 4. Kapitel nun noch einmal aufgenommen und durch eine umfassende philosophische Analyse vertieft.

Der Blick richtet sich zuerst auf *Sūtra* IV.25. Hiernach hört die Kultivierung des Entstehens des Ego auf, wenn der ‚Unterschied' (*viśeṣa*) gesehen wird. Wenig später spricht *Patañjali* in *Sūtra* IV.29 von der ‚Schau der Unterscheidung' (*viveka khyāti*), womit auch der zentrale Fachterminus formuliert ist. Alles kommt somit auf die Erfahrung der Unterscheidung an. Was soll hier aber unterschieden werden?

Immer wieder arbeitet *Patañjali* mit der grundlegenden Unterscheidung der *Sāṃkyha*-Philosophie, die er meist als Unterscheidung zwischen dem ‚Gesehenen' (*dṛśya*) und dem ‚Seher' (*draṣṭā)* bezeichnet. Der Seher, die wahre Identität des Menschen, identifiziert sich mit dem Gesehenen, das heißt mit den Dingen der Welt. Durch diese Identifikation entsteht, wie schon erläutert, das Alltagsbewusstsein des Ego. Der Weg des Yoga besteht nun darin, diese irrtümliche Identifikation aufzuheben. Die wahre Identität des Menschen, die Wesensidentität, leuchtet in dieser Weise genau dann auf, wenn der ursprüngliche Unterschied zwischen Seher und Gesehenem erfahren wird.

Wenn jetzt im vierten Kapitel der Weg des Yoga als Weg der Unterscheidung aufgezeigt wird, sagt *Patañjali* nichts Neues. In allen bisher erarbeiteten *Sūtras* ging es um Unterscheidung. Es ging um die Unterscheidung zwischen den gebundenen Bewegungen des Geistes und dem Ruhen in der Wesensidentität (Lektion 1 u. 2), zwischen dem zeitlichen *Guru* und dem wahren Meister in uns (Lektion 3), zwischen den Hindernissen im zerstreuten Geist und den Kultivierungen für das Klarwerden des Geistes (Lektion 4), zwischen der keimhaften Einung und der keimlosen Einung (Lektion 5), zwischen der äußeren Praxis von Askese usw. und der inneren Askese usw. (Lektion 6), zwischen der Gebundenheit an die leidhaften Bindungen und ihrer Auflösung (Lektion 7), zwischen dem äußeren Üben des achtgliedrigen Übungsweges und seiner inneren Praxis (Lektionen 8 bis 14) und zuletzt auch um den Unterschied zwischen der Bindung an die außergewöhnlichen Wirkungen des Yoga und der ursprünglichen Freiheit (Lektion 15).

Wenn *Patañjali* von Unterscheidung spricht, so ist hiermit nur zu Beginn eine rationale Unterscheidung gemeint. Nur am Anfang geht es um eine durch ein philosophisches Konzept herbeiführbare Erkenntnis. Unterscheidung muss ‚geschaut', das heißt, sie muss erfahren werden. Das Alltagsbewusstsein ist blind für das, was den Menschen ursprünglich ausmacht. Den Weg des Yoga zu gehen, heißt, eine Klarsicht für das zu kultivieren, was den Menschen ursprünglich ausmacht. Unterscheidung meint die konkrete Erfahrung der Unterscheidung zwischen dem Ego des Alltagsbewusstseins und der wahren Identität.

Vyāsa formuliert in seinem Kommentar zu *Sūtra* IV.25, dass nun nicht mehr die Fragen ‚Wer bin ich?' ‚Woher komme ich?' oder ‚Was wird aus mir werden?' gestellt werden. Die Beantwortung im yogischen Sinn erfolgt auf ganz andere Weise, als dies der Fragende zu Beginn vermutet hat. Mit dem Ego lösen sich auch die Fragen des Egos auf. Wer die Präsenz der Gegenwart erfährt, muss nicht mehr fragen: ‚Wer bin ich?'. Man erfährt, wie und wer man ursprünglich ist. Die Fragen werden nicht beantwortet, sondern sie werden unnötig. Die Fragen lösen sich auf.

Schau der Unterscheidung heißt, dass Yoga wirkt und der Übende erfährt, dass ihn, tiefer als sein gebundenes und getriebenes Ego, ein ursprünglicheres Leben aus der inneren Mitte trägt. Der *Yogī* erkennt, dass das Alltags-Ich nicht seine wahre Identität ausmacht, wenn er erwacht und ein ganz neues, eigentliches, ursprüngliches Leben spürt.

Interessant ist, dass *Patañjali* in *Sūtra* IV.25 nicht von *asmitā*, sondern von *ātman* als dem Ego spricht. In hinduistischen Kreisen wird *ātman* gerne für das wahre, das göttliche Selbst verwendet, während es die Buddhisten sind, die vom *ātman* als dem Ego sprechen. Wenn *Patañjali*, in seinem im hinduistischen Kulturkreis entstandenen Text, sogar diese dem hinduistischen Denken widersprechende, buddhistische Begrifflichkeit aufnimmt, wird deutlich, wie wenig er sich um Schulmeinungen kümmerte. *Patañjali* ging es um den Erfahrungsweg des Yoga, auf den sowohl die Begriffe des hinduistischen wie auch des buddhistischen Kulturkreises weisen können.

Während das zentrale *Sūtra* IV.25 das Entscheidende auf den Punkt bringt, erläutern die *Sūtras* IV.18 - IV.31 weitere Aspekte der yogischen Unterscheidung. Sie gehören mit Sicherheit nicht zu den am leichtesten zu verstehenden Teilen der *Yoga-Sūtras*. Wer jedoch tiefer in das philosophische Verständnis des Yogaweges eindringen will, der muss sich der nun auf ihn wartenden Anstrengung stellen.

In *Sūtra* IV.19 spricht *Patañjali* davon, dass das Gesehene nicht selbstleuchtend sei. Das Verhältnis zwischen dem Ego des Alltagsbewusstseins und dem wahren Selbst ist so in ganz besonderer Weise bestimmt. Der Unterschied meint keinen Gegensatz wie schwarz und weiß oder falsch und wahr. Dem Ego wird Licht zugestanden. Der Mensch erkennt im Alltagsbewusstsein durchaus etwas von sich selbst. Es handelt sich jedoch nur um eine sehr schwache Selbsterkenntnis, die auch nicht aus eigener Kraft möglich ist.

Ego und wahre Identität entsprechen nach einem alten Bild dem Verhältnis zwischen Mond und Sonne. Wie das Licht der Sonne auf den Mond fällt und der Mond so nachts als leuchtendes Objekt wahrgenommen wird, aber nicht aus eigener

Kraft leuchtet, so ist auch das Ego nicht selbstleuchtend. Wie das schwache Licht des Mondes auf das allumfassende Licht der Sonne zurückgeht, gründet das schwache Licht das Ego auf das allumfassende Licht des wahren Selbst.

Einen zweiten, wichtigen Gedanken formuliert *Patañjali* in *Sūtra* IV.22, wenn er nicht, wie zu erwarten gewesen wäre, von der ‚erwachenden Erkenntnis' (*buddhi*), sondern von der ‚*eigenen* erwachenden Erkenntnis' (*svabuddhi)* spricht. Der Begriff *svabuddhi* war damals, im Unterschied zu *buddhi*, sowohl im Yoga als auch im gesamten hinduistischen Kulturkreis unbekannt. Wer genau sucht, kann *svabuddhi* allerdings im buddhistischen *Laṅkāvatāra-Sūtra* finden.

Es ist nicht nur ein erneuter Hinweis für die enge Beziehung *Patañjalis* zu den buddhistischen Schulen jener Zeit gegeben. Auch das Besondere des von *Patañjali* aufgezeigten Yogaweges wird deutlich. Das, was auf dem Weg des Yoga erkannt werden soll, ist weder in einem Buch noch bei einem *Guru* zu finden. Der Weg des Yoga meint nicht nur Erwachen. Es geht um ein selbst zu vollziehendes Erwachen. In einem schönen Bild bringt dies wiederum der große Kommentator *Vyāsa* zum Ausdruck, wenn er schreibt: „Nicht in der Unterwelt, den Bergklüften, der Finsternis oder den Meerestiefen ist das ewige Absolute versteckt." Die Schau der Unterscheidung bedeutet, sich der Quelle der eigenen Identität in sich selbst bewusst zu werden.

Der dritte Gedanke in *Sūtra* IV.27 weist darauf hin, dass die einmal gewonnene Unterscheidungskraft auch schnell wieder verloren werden kann. Hier ist nicht nur der Hochmut ob der nun gefundenen Erkenntnis gemeint. *Patañjali* macht besonders auch auf die verborgenen Wirkkräfte der *vāsanās* aufmerksam, die immer wieder aus dem Blick geraten. Zahlreiche, schon als überwunden geglaubte Muster und alte Gewohnheiten können oft vollkommen unerwartet an die Oberfläche treten und die Schau der Unterscheidung trüben.

Der Übende steht so immer wieder vor der Aufgabe, sich kritisch zu fragen, ob es sich wirklich um die Stimme aus dem wahren Selbst handelt oder ob man den vielen anderen inneren Stimmen innerer Triebkäfte oder gar dem Rufen der äußeren Welt erlegen ist. Um diese Klippen zu meistern, verweist *Patañjali* in *Sūtra* IV.28 ausdrücklich auf die schon gegebenen Hinweise zum Umgang mit den Hindernissen auf dem Weg (Lektion 4).

Die Thematik endet jedoch nicht mit möglichen Rückfällen, sondern mit einem Ausblick. *Patañjali* spricht in *Sūtra* IV.29 von *dharma-megha-samādhi* und führt so noch einmal einen buddhistischen Begriff in die Philosophie des Yoga ein. In verschiedenen *mahāyāna*-buddhistischen Schulen jener Zeit wurde *dharma-megha-samādhi* als Bezeichnung für das höchste Ziel eines zehnstufigen Weges zur Erleuchtung entwickelt. Da *Patañjali* keine weiteren Erläuterungen gibt, überlässt er es dem Hörer bzw. heute dem Leser der *Yoga-Sūtras*, *dharma-megha-samādhi* im Zusammenhang des Yoga zu interpretieren.

Die traditionellen Kommentare gehen davon aus, dass es sich um einen Zustand handeln müsse, in dem die Schau der Unterscheidung dauerhaft geworden ist. Der Begriff ist jedoch weit tiefsinniger zu verstehen, wenn man die Mühe nicht scheut, ein Glied nach dem anderen zu interpretieren.

Zunächst zu *dharma*. Der Begriff hat zwar in verschiedenen Epochen sehr unterschiedliche Bedeutungen angenommen. *Dharma* wurde jedoch von ältester Zeit an mit dem die kosmische Ordnung tragenden, moralischen Gesetz identifiziert. Wer *dharma-megha-samādhi* lebt, der erfährt erstens, dass er nicht mehr durch sein Ego bestimmt wird, sondern aus dem allumfassenden göttlichen Gesetz handelt.

Megha meint die Regenwolke, die im tropischen Indien als Zeichen für Fruchtbarkeit schlechthin galt. Das Handeln aus dem göttlichen Gesetz fließt so zweitens wie der tropische Regen. Es geschieht ohne jegliche Mühe und in Fülle aus den Tiefen des wahren Selbst, wie sich der Regen ohne Mühe und in Fülle aus den Wolken ergießt und so alles Land fruchtbar werden lässt.

Mit *dharma-megha-samādhi* ist in dieser Weise die Erfahrung des geeinten Lebens aus der ‚Wolke der moralischen Ordnung' gemeint. Die Mühen des Ego, die für es angenehmen Vorteile zu erlangen und das Unangenehme abzuwehren, haben sich aufgelöst. *Patañjali* weist auf ein Leben aus der Kraft der wahren Identität. Der Weg des Yoga ist im Handeln mitten in der Welt angekommen.

Übung

Das Thema des Yogaweges wurde in den ersten drei Kapiteln der Yoga-Sūtras immer wieder analysiert. Übungen zur Intensivierung des Yogaweges waren so schon in zahlreichen anderen Lektionen zu finden. Jetzt geht es um das Besondere der Unterscheidung (viveka).
Machen Sie sich in der folgenden Übung klar, dass Unterscheidung in verschiedener Weise verstanden bzw. gelebt werden kann. Es erweist sich als hilfreich, mit der einfachsten Form der rationalen Unterscheidung zu beginnen.

1. Theorie der Unterscheidung (Seher-Gesehenes)

Folgen Sie den drei Denkschritten der Theorie vom Seher und dem Gesehenen:

- *Patañjali unterscheidet zwischen dem Gesehenen (dṛśya) als den Dingen der Welt und dem Seher (draṣṭā), der wahren Identität des Menschen.*
- *Die Identifikation des Sehers mit dem Gesehenen beschreibt das Ego des Alltagsbewusstseins, wenn sich der Mensch mit dem Gesehenen, das heißt mit den Dingen der Welt identifiziert und so seiner wahren Identität nicht bewusst ist.*
- *Der Weg des Yoga besteht in der Erkenntnis des Unterschieds zwischen Seher und Gesehenem. Der Mensch wird sich bewusst, dass nicht die Dinge der Welt, sondern eine viel tiefer gegründete Realität sein wahres Wesen ausmachen.*

2. Die Schau der Unterscheidung (viveka khyāthi)

Das Entscheidende geschieht auf dem Weg des Yoga erst dann, wenn sich die theoretische Einsicht in den Unterschied zur Schau der Unterscheidung weiterentwickelt. Schau meint Erfahrung, das heißt konkret, Ihre Erfahrung.

- *Vergegenwärtigen Sie sich die Erfahrung Ihres Ego.*
- *Vergegenwärtigen Sie sich die Situationen, in welchen Sie erfahren haben, dass Yoga wirkt, und Ihnen klar wurde, was Patañjali mit dem Leben aus der Wesensidentität (svarūpa) oder mit der Erfahrung der Einung (samādhi) meint.*
- *Machen Sie sich den Unterschied zwischen den Erfahrungen des Egos des Alltagsbewusstseins und den Erfahrungen Ihrer wahren Identität deutlich.*

3. Leben aus der Kraft der Unterscheidung (dharma- megha-samādhi)

Während die Schau der Unterscheidung im Üben auf der Matte durchaus schnell aufbrechen kann, erweist es sich als weit schwerer, Yoga von der Matte ins konkrete Leben zu tragen.

- *Versuchen Sie, die Erfahrung der Bewusstheit und Achtsamkeit, die Sie auf der Matte erfahren, immer wieder in Ihr alltägliches Leben zu tragen.*
- *Spüren Sie, dass Sie dann in authentischer Weise gut handeln können, wenn Ihr Handeln wie aus einer allumfassenden Wolke des göttlichen Gesetzes zu fließen beginnt.*

18. Das Ziel der ursprünglichen Freiheit

Sūtra IV.34:

puruṣa-artha -śūnyānāṃ *guṇānāṃ*
der Geist Zweck leeren Grundeigenschaften

pratiprasavaḥ *kaivalyaṃ*
Rückkehr ursprüngliche Freiheit

svarūpa - pratiṣṭhā *vā* *citi - śaktir* *iti*
Wesensidentität Gegründetsein oder Bewusstsein Energie Ende

Wenn der Geist des Menschen leer aller Zwecke wurde,
ist die Rückkehr der Grundeigenschaften
zu ihrem Ursprung möglich.
Jetzt bricht die ursprüngliche Freiheit auf,
das Gegründetsein in der Wesensidentität
oder die Bewusstseinsenergie. Ende.

Im Yoga gibt es immer Zwecke und Ziele. Normalerweise ist es sogar ein konkreter Zweck, der die Menschen veranlasst, mit dem Üben zu beginnen. Am Anfang besteht dieser oft darin, bessere Gesundheit, Fitness und Leistungsfähigkeit auf der einen oder mehr Gelassenheit und innere Ruhe auf der anderen Seite erreichen zu wollen. Mit der Zeit kommen Ziele wie Bewusstheit, Achtsamkeit, ein Leben aus der inneren Mitte oder die Erfahrung innerer Balance in den Blick. Einige sprechen sogar vom Bewusstsein für den Sinn des Lebens oder von spiritueller Erfahrung. In der hier vorliegenden 18. Lektion, die sich den letzten *Sūtras* mit dem abschließenden

Höhepunkt in *Sūtra* IV.34 widmet, geht es um die Frage des höchsten Ziels des Yogaweges.

Vielleicht wird in *Sūtra* IV.34 die größte Rakete in dem Feuerwerk der *Yoga-Sūtras* gestartet. Wie bei den anderen Themen des vierten Kapitels wird allerdings auch hier kein Neuland betreten, sondern die philosophische Vertiefung der bisherigen Ausführungen angestrebt.

Gleich zu Beginn hatte *Patañjali* das letzte Ziel des Yoga als Erfahrung der ‚Wesensidentität' (*svarūpa*) bezeichnet (Lektion 1). Das erste Kapitel endet mit dem Ausblick auf die Perspektive des Yoga, die dann jedoch mit ‚Einung' (*samādhi*) (Lektion 5) benannt wird. Um Einung geht es auch zu Beginn des dritten Kapitels (Lektionen 14). Aber schon das Ende dieses Kapitels (Lektion 15) weist mit der ‚ursprünglichen Freiheit' (*kaivalya*) auf den nun im Zentrum stehenden Begriff für das letzte Ziel des Yogaweges.

Zunächst nennt *Patañjali* in *Sūtra* IV.34 die Bedingung für das Erreichen des Ziels. Der Geist des Menschen muss ‚leer' (*śūnya*) aller Zwecke werden, so dass die Grundeigenschaften (*guṇas*) zu ihrem Ursprung zurückkehren können. Mit *śūnya*, das heißt leer, findet auch hier wieder ein typisch buddhistischer Begriff Verwendung. Die das Alltagsbewusstsein repräsentierenden Grundeigenschaften kehren zu ihrem Ursprung zurück, indem sich ihre bindende Kraft immer mehr auflöst. Unbewusstheit und Dumpfheit nehmen ab, aber auch alle Bindung an Zwecke und Ziele des Ego.

Wenn *Patañjali* jetzt von der ursprünglichen Freiheit von *kaivalya* spricht, wird deutlich, dass es im Yoga nicht um die

Erfahrung außergewöhnlicher Bewusstseinszustände geht. Die Perspektive des Yogaweges ist die Freiheit eines ursprünglichen Lebens. Wörtlich übersetzt heißt *kaivalya* Einzigkeit. Hiermit ist gemeint, dass der Mensch in *kaivalya* einzig oder allein inmitten der Vielfalt der Dinge lebt. Einzigkeit meint so völlige Freiheit von allen Zwecken und Zielen.

Der Mensch ist dann nicht nur frei von den irdischen Zwecken wie Wohlstand, Anerkennung oder sinnliche Freuden, sondern auch von höchsten Zielen wie dem Streben nach Erleuchtung. Das Streben nach Zielen hat sich grundsätzlich aufgelöst, um so in ursprünglicher Freiheit im Hier und Jetzt anzukommen. Wie die Erkenntnis, dass das Licht des Mondes von der Sonne stammt, wird sich der Mensch des Ursprungs des Lichtes seiner selbst bewusst und kehrt zu diesem Ursprung zurück, zum ursprünglichen und eigentliches Leben in der Freiheit von *kaivalya*.

In den weiteren Bestimmungen von *Sūtra* IV.34 spricht *Patañjali* abschließend noch einmal vom Gegründetsein in der Wesensidentität von *svarūpa*. Der Kreis scheint sich zu schließen. Die *Sūtras* kehren an ihrem Ende zu ihrer ersten Definition des Yoga zurück.

Darüber hinaus wird jetzt allerdings noch die Bestimmung der reinen ‚Bewusstseinsenergie' (*citi-śakti*) hinzugefügt. In der Erfahrung ursprünglicher Freiheit bricht eine innere Kraft auf, die durch die Gebundenheit des Ego an das machende Gestalten der Welt verdeckt war. In ursprünglicher Freiheit wird sich der Mensch seines wahren Wesens bewusst, aus der sich eine kraftvolle, schöpferische Freiheit eröffnet.

Wie die *Yoga-Sūtras* im ersten *Sūtra* mit ‚nun' (*atha*) begonnen haben, enden sie im letzten *Sūtra* mit ‚Ende' (*iti*). In weltlichen Texten ist *iti* wie das abschließende Anführungszeichen zu verstehen, das besagt, dass der Text jetzt zu Ende ist. Manche deuten *iti* auch wie das jüdisch/christliche ‚Amen' am Ende eines Gebetes im Sinne eines bekräftigenden ‚So ist es'. Nimmt man die *Yoga-Sūtras* des *Patañjali* jedoch als philosophisches Übungsbuch, so ist *iti* nicht nur theoretisch, sondern auch praktisch zu verstehen. Es gilt nicht nur *iti* theoretisch zu denken, sondern auch praktisch zu sein.

Das Ende praktisch zu sein bedeutet nicht nur die Loslösung von aller Gebundenheit an Zwecke und Ziele. Das Ende des Yogaweges heißt auch Ende des Endes. Mit dem Ende löst sich das Ende auf und man ist wieder ganz am Anfang.

Was man normalerweise unter Ende und Anfang versteht, greift hier nicht mehr. Es wird deutlich, dass der Yogaweg nie zu einem Ende kommt, sondern immer wieder ein neues, ursprüngliches Anfangen eröffnet. Am Ende des Yogaweges steht die Fähigkeit, immer wieder in der Wachheit für das anzukommen, was gegenwärtig ansteht.

Die ursprüngliche Freiheit von *kaivalya* zu erfahren bedeutet, Yoga in der Offenheit und Freiheit ursprünglichen Anfangens zu leben. Am Ende des Yogaweges steht die Offenheit des Anfängergeistes. Die *Yoga-Sūtras* sind zu Ende. Es beginnt das Leben des Yoga im ‚Jetzt'. Es beginnt das Leben des Yoga in uns.

Übung

Die letzten Sūtras sind als Zusammenfassung des gesamten Textes zu verstehen, so dass auch hier auf Übungen schon erarbeiteter Lektionen zurückgegriffen werden kann.

1. Vergegenwärtigen Sie sich abschließend noch einmal, welche konkreten Ziele Sie mit Ihrer Yogapraxis erstreben. Vergleichen Sie hierzu insbesondere auch die Erkenntnisse, zu welchen Sie in Lektion 4 gefunden haben.

- *Ist mehr Gesundheit, Fitness und Leistungsfähigkeit*
- *oder Gelassenheit und innere Ruhe die treibende Kraft?*
- *Wollen Sie höhere Bewusstseinsebenen realisieren*
- *oder Bewusstheit, Achtsamkeit, ein Leben aus der inneren Mitte oder die Erfahrung innerer Balance realisieren?*
- *Geht es Ihnen um Bewusstsein für den Sinn des eigenen Lebens*
- *oder um religiöse Erfahrung?*
- *Können Sie mit den in den Yoga-Sūtras genannten Zielen wie Erfahrung der Wesensidentität (svarūpa) oder Einung (samādhi) etwas verbinden?*
- *Welche anderen Ziele haben Sie zur Aufnahme einer Yogapraxis bewegt und motivieren Sie heute?*

2. Das Fortschreiten auf dem Weg des Yoga wird deutlich, wenn der Geist des Menschen ‚leer' aller Zwecke und Ziele wird und so die ursprüngliche Freiheit von kaivalya aufbrechen kann. Berücksichtigen Sie insbesondere auch die Übungen in den Lektionen 5, 14 und 15, die auf die Loslösung der Bindung an Zwecke und Ziele ausgerichtet waren.

- *Vergegenwärtigen Sie sich, dass der Stolz auf die Realisierung von Erfahrungen zur Abhängigkeit von der Anerkennung anderer und letztlich sogar zu Hochmut führen kann.*
- *Werden Sie sich bewusst, dass selbst das Streben nach Verwirklichung von hohen Zielen Sie innerlich bindet.*
- *Vergegenwärtigen Sie sich, dass die Verwirklichung des letzten Ziels des Yoga weder zu erstreben noch zu üben ist.*

Das Ende und Ziel des Yoga bedeutet auch
das Ende des Endes und Ziels.
Am Ende der Yoga-Sūtras sind Sie nicht nur
zum Anfang des Textes zurückgekehrt.
Ende zu ‚sein' eröffnet immer wieder ein
neues, ursprüngliches Anfangen im
Hier und Jetzt.

Anhang

Lexikon der Fachbegriffe

Zur Aussprache:

Die Vokale e und o werden stets lang gesprochen. Die anderen gedehnten Vokale sind mit einem Balken über dem betreffenden Buchstaben gekennzeichnet.

c	wie tsch
j	wie dsch
ñ	wie spanisch señor
ṇ	n mit zurückgebogener Zungenspitze gesprochen
ḍ	d mit zurückgebogener Zungenspitze gesprochen
ṭh	t mit Hauchlaut und zurückgebogener Zungenspitze gesprochen
ṣ	sch mit zurückgebogener Zungenspitze gesprochen
v	wie w

abhiniveśa (m.)	Am-Leben-Hängen	**II.3**, 9
abhyāsa (m.)	Übung, Anstrengung	**I.12**, 13, 18, 32
ahiṃsā (f.)	Nichtverletzen, Gewaltlosigkeit	**II.30**, 35
aṅga (n.)	Glied	I.31; II.28, 29, 40; III.8
antaraṅga (n.)	inneres Glied	**III.7**
anuśāsana (n.)	Darlegung	**I.1**
aparigraha (m.)	Nichtbesitzergreifen	**II.30**, 39
artha (n.)	Gegenstand, Zweck Wohlstand, Sinn	I.28, 42, 43; II.2,18,21,22; III.3, 11, 17, 36, 48; **IV**.23, 24, 32, **34**
āsana (n.)	Sitz, Sitzhaltung	**II**.29, **46**
asmitā (f.)	Ich-Sinn	I.17; **II.3**, 6; III.48; **IV.4**
asteya (n.)	Nichtstehlen	**II.30**, 37
aṣṭha	acht	II.29
atha	nun	**I.1**

ātman (m.)	Selbst	II.5, 21, 41; **IV**.13, **25**
avidyā (f.)	Unwissen, Unbewusstheit	**II.3**, 4, 5, 24
bhāvana (n.)/	Kultivierung	**I**.28, **33**; II.2, 33, 34
bhāvanā (f.)	Kultivierung	**IV.25**
bīja (n.)	Samen	I.25; III.51
brahmacarya (n.)	den Weg Gottes gehen, reiner Lebenswandel	**II.30**, 38
buddhi (f.)	Erkenntnis, Erwachen	IV.21, 22
citta (n.)	Geist	**I.2**, 30, **33**, 37; **II.54**; III.1,9,11,12,19,34,38; **IV.4**,5,15,16,17,18,23,26
dhāranā (f.)	Konzentration	II.29, 53; III.1
dharma (m.)	Gesetz, kosm. Ordnung	III.13,14, 45; IV.12, 29
dhyāna (n.)	Loslassen, Meditation	I.39; II.11, 29; III.2; IV.6
draṣṭṛ (m.)	Seher	I.3; II.17, 20; IV.23
duḥkha (n.)	Leiden, leidhaft	**I**.31, **33**; II.5, 8, 15, 16, 34
dveṣa (m.)	Hass	**II.3**, 8
guṇa	Grundeigenschaft	I.16; II.15,19; **IV.**13, 32, **34**
guru (m.)	Meister, Lehrer	**I.26**
indriya (n.)	Sinn, Sinnesorgan	**II.**18, 41, 42, **54**, 55; III.13, 47
īśvara (m.)	Herr, Gott	I.23, 24; **II.1**, **32**, 45
kaivalya (m.)	ursprüngliche Freiheit, Einzigkeit	II.25; **III.50**, 55; **IV**.26, **34**
karuṇā (f.)	Mitgefühl	**I.33**
khyāti (f.)	Schau, Erkenntnis	I.16; II.5, 26, 28; III.49; IV.29
kleśa (m.)	Leiden, Leidensursache	I.24; **II**.2, **3**, 12; IV.28, 30
kriyā (f.)	Handlung, Ritual	**II.1**, 18, 36

maitrī (f.)	Liebe, Freundlichkeit	**I.33**; III.23
megha (m.)	Wolke	IV.29
muditā (f.)	Heiterkeit, Freude	**I.33**
nirbīja	ohne Keim	**I.51**; III.8
nirodha (m.)	Hemmen, Zurruhekommen	**I.2**, **12**, **51**; III.9
nirvicāra	ohne Unterscheidung	I.44. 47
nirvitarka	ohne rationales Denken	I.43
niyama (m.)	besonderes Gebot innere Regel	**II**.29, **32**
pariṇāma (m.)	Transformation, Wandlung	II.15; III.9,11,12,13,15,16; IV.2, 14, 32, 33
prāṇa (m.)	Atem, Lebensenergie	I.34
praṇava (m.)	der Laut (OM)	I.27
prāṇāyāma (m.)	Atemregelung, Atemübung	**II**.29, **49**
praṇidhāna (n.)	Hingabe	I.23; **II.1, 32**, 45
prasādana (n.)	Beruhigen, Besänftigen	**I.33**
pratiprasava (m.)	Rückkehr, Umkehr	II.10 ; **IV.34**
pratyāhāra (m.)	Rückzug	**II**.29, **54**
puruṣa (m.)	Geist, Geistseele	I.16, 24; **III**.36, **50**, 56; **IV**.18. **34**
rāga (m.)	Begierde, Liebe	I,37; **II.3**, 7
raja	königlich	Einleitung
ṛta (n.)	ewige Ordnung	I.48
sabīja	mit Keim	I.46
śakti (f.)	Kraft, Potenz, Macht	II.6, 23; III.21; **IV.34**
samādhi (m.)	Einung, Versenkung	**I**.20, 46, **51**; II.2, 29, 45; III.3, 11, 37; IV.1, 29
samāpati (f.)	Transformation	I.41; II.47; III.43
saṃskāra (m.)	Eindruck, Nachwirkung	I.18, 50; II.15; III.9, 10, 18; IV.9, 27
saṃtoṣa (m.)	innere Zufriedenheit	**II.32**, 42

saṃyama (m.)	Zusammenfassung, Zusammenhalten, Zügeln	**III.4**, 16, 17, 21, 22, 26, 35, 41, 42, 44, 47, 52
sārūpya (n.)	Identifikation, Bindung	I.4
satya (n.)	Wahrheit, Wahrhaftigkeit	**II.30**, 36
sauca (n.)	Reinheit	**II.32**, 40
savicāra	mit Unterscheidung	I.44
siddhi (f.)	Vollkommenheit, außergewöhnliche Fähigkeit	II.43, 45; III.37; IV.1
sthira	fest, stabil	**II.46**
sukha (n.)	Glück, glücklich	**I.33**; **II**.5, 7, 42, **46**
sūtra (n.)	Faden, Leitfaden	Einleitung
śunya	leer	I.9, 43; III.3; **IV.34**
svabuddhi (f.)	eigene Erkenntnis	IV.22
svādhyāya (m.)	eigenes Studium	**II.1**, **32**, 44
svarūpa (n.)	Wesensidentität	I.3, 43; **II**.23, **54**; III.3, 44, 47; **IV**.12, **34**
tapas (m.)	Askese	**II.1**, 15, **32**, 43; IV.1
upekṣā (f.)	Gleichmut, Gelassenheit	**I.33**
vairāgya (n.)	Loslösung	**I.12**, 15; **III.50**
vikṣepa (m.)	Zerstreuung	I.30, 31
viniyoga (m.)	Übertragung, Anwendung	III.6
viveka (m.)	Unterscheidung	II.26, 28; III.52, 54; IV.26, 29
vṛtti (f.)	Bewegung, Aktivität	**I.2**, 4, 5, 10, 44; II.11,15, 50; III.43; IV.18
yama (m.)	Gebot, Regel	**II**.29, **30**
yoga (m.)	Einung, Übung	**I.1, 2**; **II.1**, 28

Weiterführende Literatur

Textausgaben der *Yoga-Sūtras* (Bücher):

Bretz, Sudkadev Volker: Die Yogaweisheit des Patañjali für Menschen von heute, Petersberg 2008.

Deshpande, P.Y. u. Bäumer, Bettina: Patañjali: Die Wurzeln des Yoga. Die klassischen Lehrsprüche des Patañjali, München 2010.

Deskikachar, T.K.V: Über Freiheit und Meditation. Das Yoga Sūtra des Patañjali. Eine Einführung, Petersberg 1997.

Feuerstein, Georg: The Yoga-Sūtra of Patañjali. A New Translation and Commentary, Rochester 1979.

Govindan, Marshall: Die Kriya Yoga Sūtras des Patañjali und der Siddhas, Kempten-Mariaberg 2002.

Hariharānanda Āraṇya, Swāmi: Yoga Philosophy of Patañjali. Containing his Yoga Aphorisms with Commentary of Vyāsa, Calcutta 1981.

Iyengar, B.K.S.: Der Urquell des Yoga. Die Yoga-Sutras des Patañjali, München 2010.

Palm, Reinhard: Der Yogaleitfaden des Patañjali Sanskrit/Deutsch, Stuttgart 2010.

Sriram, R.: Patañjali: Das Yogasutra. Von der Erkenntnis zur Befreiung, Berlin 2009.

Textausgaben der *Yoga-Sūtras* (Internet):

Ronald Steiner: Yoga Sūtrāni Patañjali (Sanskrit/Deutsch): www.de.ashtangayoga.info/quelltexte/yoga-sutra-patanjali

Hans Zimmermann: pātañjala-yoga-sūtram (Sanskrit/Deutsch): www./12koerbe.de/hanumans/yoga.htm

Deshpande, P.Y. u. Bäumer, Bettina: Die Yoga-Sūtras des Patañjali (Deutsch): www.openland.de/?i=6

Sekundärliteratur:

Berufsverband der Yogalehrenden in Deutschland (BDY) (Hg.): Der Weg des Yoga. Handbuch für Übende und Lehrende, Petersberg 2013.

Blitz, Gérard: Der Yogaweg des Patañjali: Ein kleiner Leitfaden für Übende und Lehrende, Petersberg 2008.

Eliade, Mircea: Der Yoga des Patañjali. Der Ursprung östlicher Weisheitspraxis, Freiburg i.Br. 1999.

Feuerstein, Georg: Die Yoga-Tradition. Geschichte, Literatur, Philosophie und Praxis, Wiggensbach 2008.

Huchzermeyer, Wilfried: Die heiligen Schriften Indiens. Geschichte der Sanskrit-Literatur, Karlsruhe 2005.

Ders.: Das Yoga-Wörterbuch. Sanskrit-Begriffe, Übungsstile, Biographien, Karlsruhe 2006.

Iyengar, B.K.S.: Licht fürs Leben, Bern u. a. 2007.

Schmidt, Christian: Erfahrungsweg Yoga. Gottesbegegnung durch Selbstfindung, München 1993.

Simon-Wagenbach, Helga: Klarer Geist - weites Herz. Die Wirkung des integrativen Übens im Yoga, Petersberg 2013.

Tietke, Mathias: Der Stammbaum des Yoga. 5000 Jahre Yoga - Tradition und Moderne, Stuttgart 2007.

Trökes, Anna: Yogameditation. Ein Handbuch, Berlin 2004.

Dies.: Die kleine Yoga Philosophie. Grundlagen und Übungspraxis verstehen, München 2013.

Wolz-Gottwald, Eckard: Yoga-Weisheit leben. Philosophische Übungen für die Praxis, Petersberg 2009.

Ders.: Yoga-Philosophie-Atlas, Petersberg 2013.

Die zentralen Kernsūtras (Sanskrit-Deutsch)

samādhi pāda

I.1 atha yogānuśāsanam

I.2 yogaścittavṛttinirodhaḥ
I.12 abhyāsavairāgyābhyāṃ tannirodhaḥ
I.26 pūrveṣāmapi guruḥ kālenānavacchedāt

I.33 maitrīkaruṇāmuditopekṣāṇāṃ
sukhaduḥkhapuṇyāpuṇyaviṣayāṇāṃ bhāvanātaścittaprasādanam

I.51 tasyāpi nirodhe sarvanirodhānnirbījaḥ samādhiḥ

sādhana pāda

II.1 tapaḥsvādhyāyeśvarapraṇidhānāni kriyāyogaḥ

II.3 avidyāsmitārāgadveṣābhiniveśāḥ pañcakleśāḥ

II.30 ahiṃsāsatyāsteyabrahmacaryāparigrahāyamāḥ

II.32 śaucasaṃtoṣatapaḥsvādhyāyeśvarapraṅidhānāniniyamāḥ

II.46 sthirasukhamāsanam
II.49 asminsati śvāsapraśvāsayorgativicchedaḥ prāṇāyāmaḥ

II.54 svaviṣayāsaṃprayoge cittasyasvarūpānukāra
ivendriyāṇām pratyāhāraḥ

I. Kapitel: Innere Einung

1.1 Wer die Achtsamkeit für das ‚Jetzt' lebt,
der ist bereit für die folgende Darlegung des Yoga.
I.2 Yoga wirkt, wenn die Bewegungen des Geistes zur Ruhe kommen.
I.12 Durch Übung und Loslösung kommen sie zur Ruhe.
I.26 Auch von allen früheren Meistern ist ‚Er' der Meister,
der durch die Zeit nicht begrenzt ist.
I.33 Durch die Kultivierung von Liebe, Mitgefühl, Heiterkeit und Gleichmut gegenüber Glück und Leid sowie Gutem und Schlechtem ist das Klarwerden des Geistes zu fördern.
I.51 Wenn auch die keimhafte Einung zur Ruhe gekommen ist, dann entsteht dadurch, dass alles zur Ruhe gekommen ist, die keimlose Einung.

II. Kapitel: Spiritueller Lebensweg

II.1 Askese, eigenes Studium heiliger Texte und die Hingabe an Gott, das sind die drei Bereiche, durch die sich die Praxis des Yoga für den spirituellen Lebensweg öffnet.
II.3 Unbewusstheit, Ich-Sinn, Begierde/Zuneigung, Hass/Abneigung und das Am-Leben-Hängen sind die fünf leidhaften Bindungen.
II.30 Nichtverletzten, Wahrhaftigkeit, Nichtstehlen, sexuelle Enthaltsamkeit und Nichtbesitzergreifen, dies sind die Gebote für das gute Handeln.
II.32 Reinheit, Zufriedenheit, Askese, eigenes Studium und Hingabe an Gott, dies sind die besonderen Gebote für die gute Yogapraxis.
II.46 Die Sitzhaltung soll stabil und glücklich sein.
II.49 Wenn dies realisiert ist, folgt die Atemregelung: die Unterbrechung des Verlaufs von Aus- und Einatmung.
II.54 Wenn die Sinne aus ihrem eigenen Bereich losgelöst werden und gleichsam der Wesensidentität des Geistes folgen, dies heißt Zurückziehen der Sinne.

vibhūti pāda
III.4 trayam ekatra saṃyamaḥ
III.7 trayamantaraṅgaṃ pūrvebhyaḥ

III.50 tadvairāgyādapi doṣabījakṣaye kaivalyam

kaivalya pāda
IV.4 nirmāṇacittānyasmitāmātrāt
IV.25 viśeṣadarśina ātmabhāvabhāvanāvinivṛttiḥ

IV.34 puruṣārthaśūnyānāṃ guṇānāṃ pratiprasavaḥ
kaivalyaṃ svarūpapratiṣṭhā vā citiśaktiriti

III. Kapitel: Außergewöhnliche Wirkungen

III.4 Diese drei zusammen sind die Zusammenfassung der Meditation.
III.7 Die drei letzten Glieder sind wiederum der innere Kern
in Bezug zu den früheren Gliedern.
III.50 Wenn man sogar von der Bindung an die außergewöhnlichen Wirkungen des Yoga losgelöst ist, entsteht, im Schwinden des letzten Keims des Übels, die ursprüngliche Freiheit.

IV. Kapitel: Ursprüngliche Freiheit

IV.4 Der geschaffene Geist entsteht allein durch das Ego.
IV.25 Wer den Unterschied sieht,
bei dem hört die Kultivierung des Entstehens des Egos auf.
IV.34 Wenn der Geist des Menschen leer aller Zwecke wurde,
ist die Rückkehr der Grundeigenschaften zu ihrem Ursprung möglich. Jetzt bricht die ursprüngliche Freiheit auf, das Gegründetsein in der Wesensidentität oder die Bewusstseinsenergie. Ende.

Danksagung

Der Dank
für Inspiration und Korrektur
gilt vor allem meiner Kollegin
Angelika Beßler
(*Yoga-Akademie Münster-Osnabrück*).

Weitere Bücher aus dem Verlag Via Nova:

Yoga Philosophie Karten

Ein Grundkurs zur Philosophie des Yoga

Eckard Wolz-Gottwald

Kartenset, 84 Karten mit Begleitbuch, 112 Seiten,
ISBN 978-3-86616-460-4

Yoga-Philosophie-Karten sind ein praxisbezogener Grundkurs zur Erfahrung der Philosophie des Yoga. Zusammengestellt aus allen wichtigen Texten der fast 3000-jährigen Tradition des Yoga sind 84 Kerngedanken der Yoga-Philosophie mit 84 Karten auf den Punkt gebracht. Die Karten ermöglichen es, über die zentralen Gedanken der Philosophie des Yoga zu meditieren, um dann mit Hilfe der Erklärungen des Begleitbuches ein umfassendes Verständnis der Zusammenhänge zu gewinnen. Die traditionelle Methode der Vermittlung von Yoga-Philosophie in kurzen Merksätzen wird hier verbunden mit den Prinzipien modernen Lernens. Yoga-Übende können sich mit den Karten übend auf den Weg begeben, um so ihre eigene Praxis zu vertiefen. Der Kurs ist geeignet zum Selbststudium für Anfänger wie auch für Fortgeschrittene und bietet gleichzeitig auch ausgezeichnetes Material zur Verwendung im Yoga-Unterricht.

Yoga-Philosophie-Atlas

Eckard Wolz-Gottwald

Hardcover, 228 Seiten,
230 Abb. und Graphiken,
ISBN 978-3-936486-04-9

5. Auflage

Der „Yoga-Philosophie-Atlas" ist eine Enzyklopädie der Yoga-Philosophie. Er besteht aus Texten zu allen zentralen Themen der Yoga-Philosophie. Die den Text erläuternden Grafiken können die Grundstrukturen eines Gedankens treffend auf den Punkt bringen und ermöglichen so den Zugang zu den oft komplizierten Zusammenhängen der Yoga-Philosophie. Von der allgemein verständlichen Anschaulichkeit ist der Weg zu den Tiefen des yogischen Wissens gewiesen. Der „Yoga-Philosophie-Atlas" erläutert die einzelnen Wege und Schulen und setzt sie in den großen Zusammenhang der Philosophie des Yoga. Die Grundthemen der Yoga-Philosophie, die großen Text-Zeugnisse des religiösen Yoga, des klassisch-philosophischen Yoga und auch des körperorientierten Yoga der Gegenwart bilden besondere Schwerpunkte.

Yoga-Weisheit leben

Philosophische Übungen für die Praxis

Eckard Wolz-Gottwald

2. Auflage

Taschenbuch, 168 Seiten,
ISBN 978-3-86616-137-5

„Gelebte Yoga-Weisheit" ist ein Übungsbuch für Einsteiger wie Fortgeschrittene, die durch Yoga-Philosophie ihre Praxis vertiefen und weiterführen wollen. Jedes der 18 Kapitel ist verbunden mit Übungen, durch die Yoga-Philosophie nicht nur verständlich, sondern auch im Alltag anwendbar und erfahrbar wird. Das Buch zeigt, dass Yoga-Philosophie weit mehr bedeutet als Theorie. Die philosophischen Übungen helfen, sich des ursprünglichen Sinns der Yoga-Praxis bewusst zu werden. Es wird möglich, Yoga als Weg der Schulung der Bewusstheit von Körper, Geist und Seele, aber auch als Wegweisung für das Leben im Alltag zu erfahren.

Atlas der Weltreligionen

Das Basiswissen

Eckard Wolz-Gottwald

Hardcover, 168 Seiten, 133 Grafiken,
ISBN 978-3-86616-181-8

Begegnungen mit anderen Religionen gehören heute zu unserem Alltag. Für einen offenen und fruchtbaren Dialog bildet ein exaktes, wissenschaftlich abgesichertes Basiswissen über die anderen Religionen das Fundament. Der vorliegende Atlas bietet nicht nur Texte, sondern auch zahlreiche grafische Darstellungen, die selbst komplizierte Zusammenhänge einsichtig und verständlich machen. Neben der Darstellung der einzelnen Religionen, deren Geschichte, heilige Schriften, Lehren, Praxis und spirituell-mystische Wege werden auch die Frage nach der Wahrheit gestellt und Möglichkeiten gezeigt, wie das Verhältnis der Religionen zueinander gedacht werden kann.

Die Mystik in den Weltreligionen

Spirituelle Wege und Übungsformen
Eckard Wolz-Gottwald

Hardcover, 288 Seiten, über 200 Grafiken,
ISBN 978-3-86616-206-8

Das vorliegende Buch zeigt in einer umfassenden Übersicht die vielfältigen spirituellen Erkenntnisse, Entwicklungen und Übungsformen auf, die in den großen Weltreligionen entwickelt wurden. Es ist eine Enzyklopädie dieser mystischen Traditionen, die wissenschaftlich fundiert und exakt erarbeitet wurden und im Textzusammenhang auch durch zahlreiche Grafiken allgemeinverständlich erklärt werden. Der Leser erhält Informationen und Anregungen, den Blick über die Begrenzungen des eigenen Weges hinaus zu wagen und die verwandelnde Kraft in der Auseinandersetzung mit den spirituellen Wegen und Übungsformen der anderen Religionen zu entdecken.

Klarer Geist – weites Herz

Die Wirkung des integrativen Übens im Yoga
Helga Simon-Wagenbach

Hardcover, 240 Seiten, 108 Abbildungen,
ISBN 978-3-86616-250-1

Die integrativeYogapraxis, die zur Balance, zur Meditation und zur Heilung führt, realisiert in einfachen und in anspruchsvollen Übungen das Zusammenwirken von Körper, Atem und höchster Aufmerksamkeit. Spürende Achtsamkeit als innere Haltung ermöglicht dadurch in jeder Yogaübung auch die individuell stimmige Balance zwischen Bemühen und Loslassen. Die Kunst des Übens im Yoga ist es, wie die Autorin anschaulich und nachvollziehbar erklärt, diese verschiedenen Aspekte als wechselseitige Ergänzungen zu erfahren, die zusammengehören und miteinander auf vielfältige Weise kommunizieren. Dabei ist es wichtig, sich immer wieder daran zu erinnern, dass es weniger auf das WAS des Übens als auf das WIE ankommt, um eine innere Vision zu verwirklichen.

Wie Yoga wirklich wurde

Ursprung und Entwicklung der Lehre des Yoga
Ein Übungsprogramm nach dem Yogameister T. Krishnamacharya
T.K. Sribhashyam

Klappenbroschur, 256 Seiten, 168 Fotos, 13 farbige Fotos,
ISBN 978-3-86616-267-9

Yoga hat längst die westliche Welt erobert und viele Menschen haben die heilsamen Wirkungen dieser tiefgreifenden Lebensphilosophie für sich selbst erfahren. Was dieses neue Buch besonders auszeichnet, ist, dass es ein Yoga-Wissen vermittelt, das aus der direkten und unmittelbaren Überlieferung von einem Meister an den nächsten entspringt. Somit werden dem Leser unverfälschte und tiefe Einblicke in die Ursprünge einer mehr als tausendjährigen Tradition gewährt. Eine wertvolle Gelegenheit, die Schätze des Yoga als exakte Wissenschaft für Körper, Geist und Seele neu zu entdecken. Die sehr detailliert beschriebenen praktischen Positionen und Atmungen offenbaren die Essenz des Yoga, die sich dem Praktizierenden in ihrer ganzen Kraft und Kostbarkeit erschließt.

Sein Bewusstsein auf eine höhere Seinsebene bringen

Geführte Meditationen
Werner Vogel

CD, Laufzeit: 70 Minuten, ISBN 978-3-86616-123-8

Die Grundübung aller spirituellen Wege ist die Meditation. Das Ziel der Meditation in allen spirituellen Traditionen ist die Erfahrung eines nicht-dualistischen Bewusstseinszustands. Um in den Zustand des Geistes in der bewussten Erfahrung des „ewigen Hier und Jetzt" zu kommen, bedarf es einer stufenweise aufgebauten Übungspraxis. Geführte Meditationen können helfen, den zerstreuten Geist zu sammeln und auszurichten. Dadurch kommt der Übende zur Ruhe und zur Erfahrung der inneren Stille. Der Geist beruhigt sich und wird klar wie die Oberfläche eines aufgewühlten Sees, auf dessen Grund man sehen kann. Schließlich tritt der Zustand der gesammelten inhaltslosen Wachheit im Geist ein und der Übende wird offen und frei für ein höheres Bewusstsein. In der CD werden 3 Meditationsübungen angeboten, teilweise unterlegt mit meditativer Musik.

Dieses Buch wurde von Kindern für Kinder getestet.

FSC www.fsc.org
MIX
Papier aus verantwortungsvollen Quellen
FSC® C089473

Dieses Buch ist erhältlich als:
978-3-407-82005-1 Print

Die Originalausgabe erschien 2020 unter dem Titel *The Invasion of Crooked Oak* bei Barrington Stoke Ltd, 18 Walker Street, Edinburgh, EH3 7LP

Übersetzung: Julia Süßbrich
Lektorat: Kristina Wippert
Neue Rechtschreibung
Einbandgestaltung: Jasmin Kerstner unter Verwendung einer Illustration von Chris King
Herstellung: Jasmin Kerstner
Satz: Lina Oberdorfer, Mannheim
Druck und Bindung: Beltz Grafische Betriebe, Bad Langensalza
Beltz Grafische Betriebe ist ein klimaneutrales Unternehmen (ID 15985-2104-100).
Printed in Germany
1 2 3 4 5 26 25 24 23 22

Der Inhalt dieses Buchs wurde auf 100% Recyclingpapier gedruckt.

Weitere Informationen zu unseren Autor_innen und Titeln finden Sie unter: www.beltz.de